フォーカシング指向
アートセラピー体験 etc.

アート表現のこころ

The Spirit of Art Expressions

池見 陽 いけみ あきら
ローリー・ラパポート
Laury Rappaport
三宅麻希 みやけ まき
著

写真／池見壮平

Contents

目次

序 P prologue		プロローグ 2
始 1		ワークショップが始まる 10
初 2		最初に話しておきたいこと 18
染 3		画材や道具に馴染む 32
会 4		カンバセーション・ドローイング 46
手 5		手中にあるもの・手に入れたいもの 60
療 6		アートセラピーについて 70
色 7		アートをプロセスする（実演） 82
貼 8		体験過程流コラージュワーク 108
源 9		源を表現する 122
誌 10		ジャーナリング 132
R reference		参考文献 148
終 E epilogue		エピローグ 150
I index		索引 152
P profile		プロフィール 154

目次

C
ontents

アート表現のこころ
フォーカシング指向アートセラピー体験 etc.

Prologue
プロローグ

序

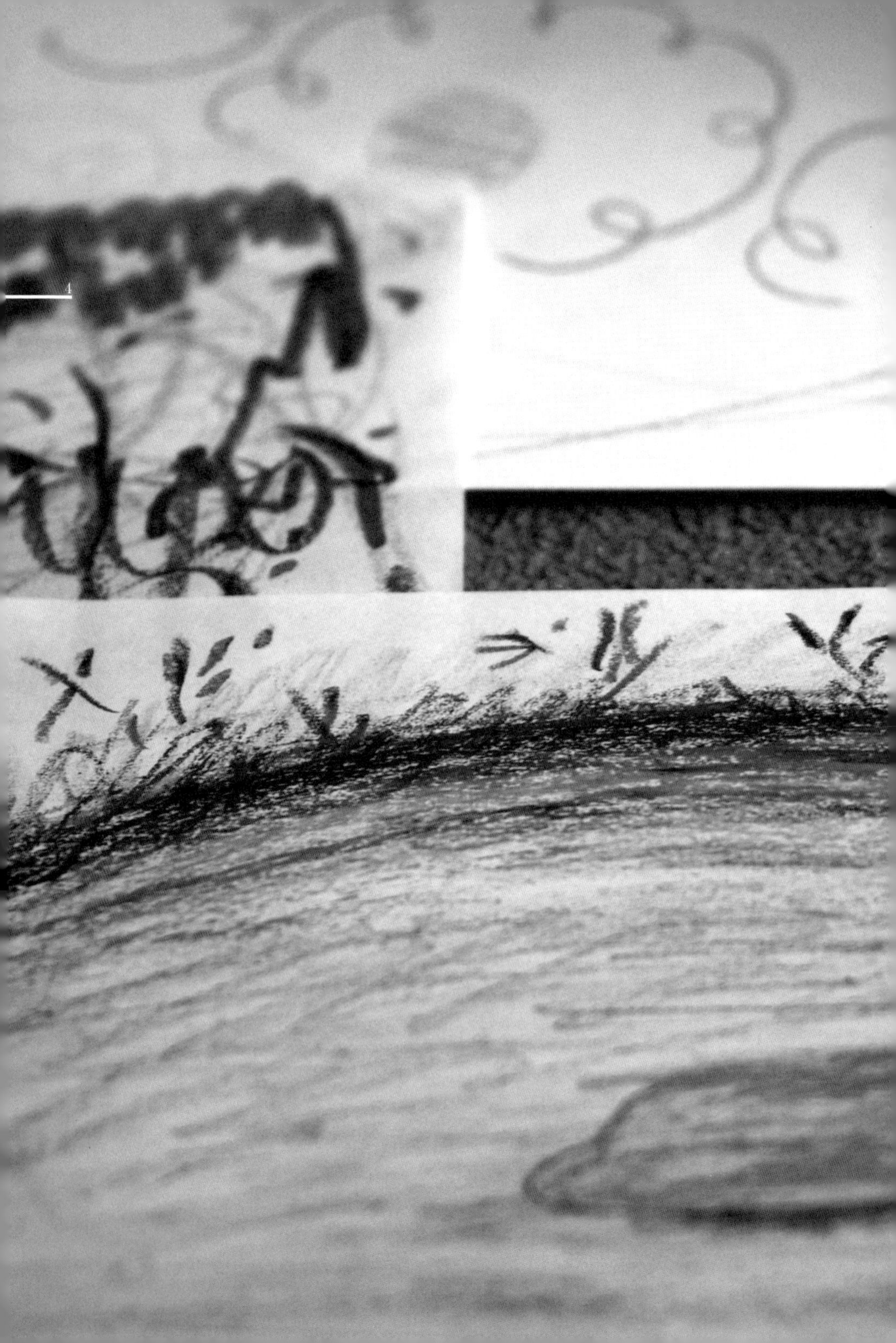

「こころとは何か」といった哲学的な難問は，ひとまず横に置いておこう。それでも，古くから人はこころを，描画や彫刻や曼荼羅といったアートとして表してきた。「古くから」とは，古代文明から脈々と続いている人類の歴史を遡る，という意味に限定されるものではない。人類の歴史のみならず，個人史を振り返ってみても，子どもの頃は描画や「落書き」と呼ばれる表現を利用して，誰しもこころを表してきたと思い出すことができるだろう。

　言葉での表現が不十分なときに，人は描画によってこころを表してきたといえるのではないだろうか。だから，大人になるにつれて，人は言葉を上手に使うようになり，アートで表すことが少なくなってきたように思える。しかし，これを反対にいえば，アート表現は言葉に先立つ原初的な表現形式だ。アート表現には，言葉ではなかなか表現できない微妙な感覚が表現できたり，強力に気持ちを呼び起こす作用もある。

　アートで表現する行為には，複数のこころの過程がある。双方向的に二つの異なった過程があることは明らかだ。その一つは，アートで「表現する」という過程。そしてもう一つは，アートに現れたこころを解明する過程。本書で見ていくように，それは「making the art（アートを製作する）」という過程と，「processing the art（アートをプロセスする）」という過程だ。

　さて，ひとまず横に置いておいた「こころ」に戻ってみよう。アメリカの哲学者，ユージン・ジェンドリン（Gendlin, E.）の哲学に従って，「こころとは何であるか」といった哲学的・存在論的問いを実践的にとらえ直してみると，それは「何を感じているのか」という問いに翻訳することができるだろう。こころという抽象的な実体を推論するのではなく，具体的に「感じること」に焦点を当てる。すなわち，「こころを表現する」ということを実践的に言い直すと，それは「感じていることを表現する」ということにほかならない。

　本書で見ていくように，「感じていること」とは複雑で，なかなか言葉にさえならない。それは「何となくブルーな気分」のように，いつも「何となく」だ。この例文に表れたこころを「ブルーな気分」と断定してはいけない。もしも会話の相手が，「今，あなた

が感じているのはブルーな気分なの？」と問うと，「いやいや，ブルーな気分というよりも，何となく，あの……」のように，すぐには言葉が見つからない。

　哲学者であり，心理療法家でもあるジェンドリンは，すぐに言葉にならない「感じていること」を，フェルトセンス (felt sense) と名付けた。そして，フェルトセンスを言い表して，その意味に触れていく過程を，フォーカシング (focusing) と呼んだ（ジェンドリン，1982；池見，1995）。フォーカシングを心理療法に応用したものは，フォーカシング指向心理療法（ジェンドリン，1998，1999）という。本書の著者である池見と三宅は，フォーカシング指向心理療法家だ。

　アートセラピスト（芸術療法家）であるローリー・ラパポートは，アートセラピー（芸術療法）とフォーカシング指向心理療法を融合させ，独自の「フォーカシング指向アートセラピー (Focusing-Oriented Art Therapy)」を開拓した（ラパポート，2009）。2009 年のラ

パポート初来日を機に，池見と三宅が監訳者となってラパポートの著作を翻訳した。以来，豊かなコラボレーションが筆者たちの間で展開している。実は，この翻訳以前に，池見，矢野，三宅と松岡は，「体験過程流コラージュワーク（Experiential Collage Work）」(Ikemi et al., 2007) という，コラージュを用いたこころのワークを提案している（コラージュとは，画用紙の上に，写真や文字などを雑誌などから切り抜いて，好きなように貼るアート表現をいう）。2008年にカナダで開催された国際会議で，矢野，三宅と池見がこれを発表したとき，参加していたラパポートは強い関心を示した。ここから著者らの交流は発展した。2009年に出版されたラパポートの著作 *Focusing-Oriented Art Therapy*（Rappaport, 2009）の裏表紙に推薦文を寄せた一人が，池見だった。以降，ラパポートと池見は共同でシンポジウムで発表したり（2011年カリフォルニアおよびニューヨーク），本書の著者3名で英文の著作の1章を執筆している（Rappaport et al., 2012）。

この3名の本書著者たちをスタッフとして，フォーカシングとア

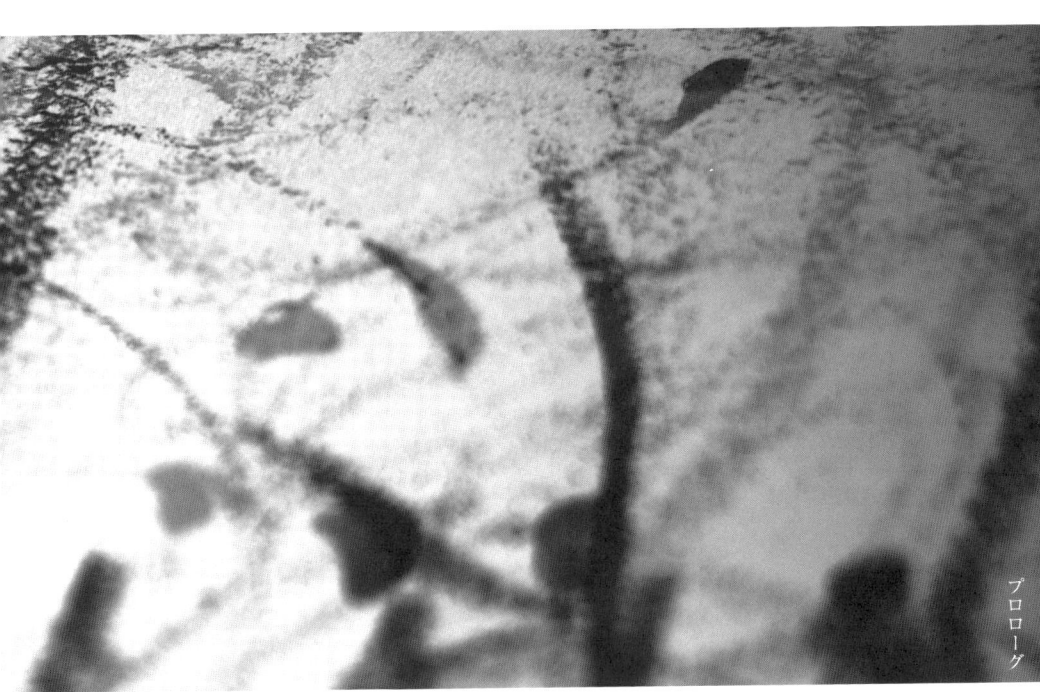

ートのワークショップを，2011年夏に大阪で開催した。心理療法の技は実際に体験しないと身につかない。そこで，今日，心理療法に関する研修は体験を伴うかたちで行うことが一般的で，このような体験学習を含む研修は「ワークショップ」と呼ばれている。

　本書の内容は2011年夏，大阪で行われたワークショップに沿っている。そのワークショップ体験の実際を本書を通して読者に紹介することによって，フォーカシングとアートについて，そして広くアート表現のこころについて，お伝えできれば幸いである。

プロローグ
序

1 ワークショップが始まる

始

「人は，言葉を話したり書いたりするずっと前から，絵を描いているのよ」。ローリーがそう言っていたのを思い出した。
「でも僕は絵が下手だ」
　私はまず，こんな反応をしてしまう。これは動かせない事実なのか，動かそうとしない固定観念なのか……。まぁ，それはともかく，私はどこかで知っている。アートセラピーやアートで気持ちを表現する試みは，決して写実主義を目指すものではないことを。だから，見えたとおりに現実世界を模写する必要なんて，どこにもない。
「絵の上手，下手はまったく関係ない」自分でそう呟いて納得し

た。かしこまった場所で，芳名帳に自分の住所氏名を筆で書くほうがずっと難しいし，緊張する。それに比べれば，まったく自由なのだ。そう思うと，どこからか楽しさがやってきて，早朝のコーヒーに白いクリームのように溶け込んだ。その楽しいコーヒーをゆっくり飲んだ。
　もう少ししたら，タクシーを呼んで駅まで行こう。この暑い夏の朝，駅に到着するまでにTシャツが汗でドロドロになるのは避けたい。通勤客で混雑している電車に乗ってローリーが滞在しているホテルに行き，そこで彼女を出迎え，一緒に大阪市内の会場へと向かう予定。それにしても面白い会場だ。大阪の下町，市場のそば，い

や商店街の中に位置するといってもいい所だ。元は質屋だった所を改装して "Center for East-West Dialog" を設立したのは，村川治彦氏だ。後に関西大学人間健康学部に移った村川さんに無理を言って，会場を使わせてもらうことになった。感謝。

　大阪の下町に，ローリーはどんな反応をするだろうか。そういえば，私がローリーのワークショップに参加したのは，カナダのケベック州ブロモンというスキーリゾートだった。その後，彼女は淡路島の国際会議場でワークショップをしたが，私はその会議の主催者だったから，裏方の仕事でワークショップには出席できなかった。そして翌年の春には，カリフォルニアのアシロマというモントレー湾に面した美しい海辺の町で開催された国際会議で，彼女はワークショップをしていた。アシロマでも，私は別の用事で彼女のワークショップには参加できなかった。けれども，アシロマの会議後，彼女の自宅を仲間たちと訪問した。カリフォルニアワインの産地ソモナに近い，緑あふれる丘の上にある彼女のスタジオを見学させてもらった。

　思い返してみると，ローリーに会うのは，いつも美しい景色がある所だった。どこも市街地ではなかったし，まして下町の商店街とは雰囲気がまったく違っている。それでも，決してミスマッチな感覚ではないように感じた。外に出ていって葉っぱや小鳥の羽を拾ってきて，アートに貼り付けることはできないけれど，大阪市内の人間臭さは，かなり濃い。

　そもそも，会場の環境とワークショップの進行には，何か関係があるのだろうか。

　そんな発想を楽しみながら，コーヒーをすすった。

　「フォークで食べるか箸で食べるか，といった些細なことは文化で違っているけれど，人間にとって大切なことは同じなんだよ」

　恩師のユージン・ジェンドリン先生（フォーカシングを考案した哲学者，シカゴ大学教授）が，ドイツでそう言ってくれたのを思い出した。ドイツで，私が初めて夏期講習を教えたときのことだった。そして先生の言ったとおりだった。個人指導をしているなかで，ドイツ人の参加者たちが語った悩みや感じ方は，日本でもお馴染みの話題ばかりだった。

さて、今日の参加者の方々はどんなふうに自分を見つめて、どんなふうに自分を表現し、言い表していくのだろうか。その自他の出会いの場を、アートとフォーカシングを通して、ローリーと私と三宅が提供することができれば……。

こう思うと、ワークショップに向けて、自分の心構えがはっきりした気がした。

「僕は絵が下手だ」

そう思い込んでいる私は、どうして最近アートに関心を持ち、フォーカシングとアートを組み合わせてみることになったのだろうか。いや、それは自然なことなのかもしれない。いつからかわからないが、中学生の頃にははっきりと、私は言葉や概念の背景にある感覚的な体験に目を向けていた。それは、私が英語と日本語のバイリンガルとして育ったからかもしれない。

「現実はそう甘くないよ」

こういうとき、日本語の「現実」という言葉、あるいはその概念には、どことなく否定的なニュアンスが感じられる。そこには、「現実は厳しいものだ」といったように、「現実」には苦しみの感覚が伴っている。その感覚は、英語の "reality" には伴わないのが不思議だった。たしか、これは8年生（中学2年）の頃、真剣に考えていたことだった。日本語で表現しきれない感覚があったり、英語にならない日本語的な感覚があったりすることを、その頃からずっと知っていた。

そもそも「よろしくお願いします」なんて英語になるはずがない。何をお願いしているのかはっきりしないお願いなんて、英語ではあり得ないのだから……こんな感じだった。

日本語と英語といった二つの異なった言語ではなく、一つの言語で話していても、言葉は本当にその人が体験している感覚を表しているのだろうか、と考えてみたことがあるだろうか。

「元気？」

「ええ、まぁ、元気ですよ」

ここにある「まぁ」とは、どういう感覚なのだろうか。「元気」という言葉には含みきれていない感覚が、体験されているはずだ。

「疲れてるの？」

「いやいや，疲れてはいないですよ」

疲れていないのなら，あの「まぁ」はどんな感じなのだろうか。「元気」でも「疲れ」でもないのか。

こんなふうに，言葉からはみ出した感覚がどんな会話にもあるし，私は言葉以上に，その感覚を感じてしまうのかもしれない。だから，「ええ，まぁ，元気ですよ」と言う今日のその人は，何だかわからないけれど完全に元気ではないことは確かだ，と私は思ってしまう。

この，元気とも疲れともわからないような感覚がなかなか言葉にならないのなら，いっそ，色で表現してみるか。

ワークショップが始まる

始

「今日の気分は何色？」

このほうが感覚的な表現ができる。こう考えると，人が実際に感じている感覚は，アートとして表現されやすいのかもしれない。そしてまた，アートで表現した作品を観てはじめて，人は自分自身がよりはっきりと理解できるのかもしれない。

「アートは形式論理に従うのではなく，感じられた体験に従うのだ」

私はこんな一文を，ローリーと三宅との共著の著作の1章（Rappaport et al., 2012）に書いたことを思い出した。そう，アートは論理的に考えて製作するものではない。そこに感じられているある感覚に従って進んでいく。

絵を描くのが下手な私はコラージュから手をつけ，「体験過程流コラージュワーク」を考案した。写真や文字を切り貼りするのだから，絵の上手下手は関係がないことだ。これなら安心して取り組めた。このワークは明朝，ワークショップで皆さんと一緒に体験して

みることになる。

　私と三宅の"出し物"は「体験過程流コラージュワーク」と決めているが、ローリーは彼女が開発してきた「フォーカシング指向アートセラピー」から、どんなネタを展開するのだろうか。楽しみになってきた。

　さあ、朝のコーヒーを飲み干して出発だ。自分のなかで気持ちが盛り上がってきているのが感じられた。荷物を両手に、夏の朝日に駆け出した。目指すは梅田経由で大阪下町商店街だ。

　——ワークショップが始まる。

ワークショップが始まる

始 1

2
最初に話しておきたいこと

初

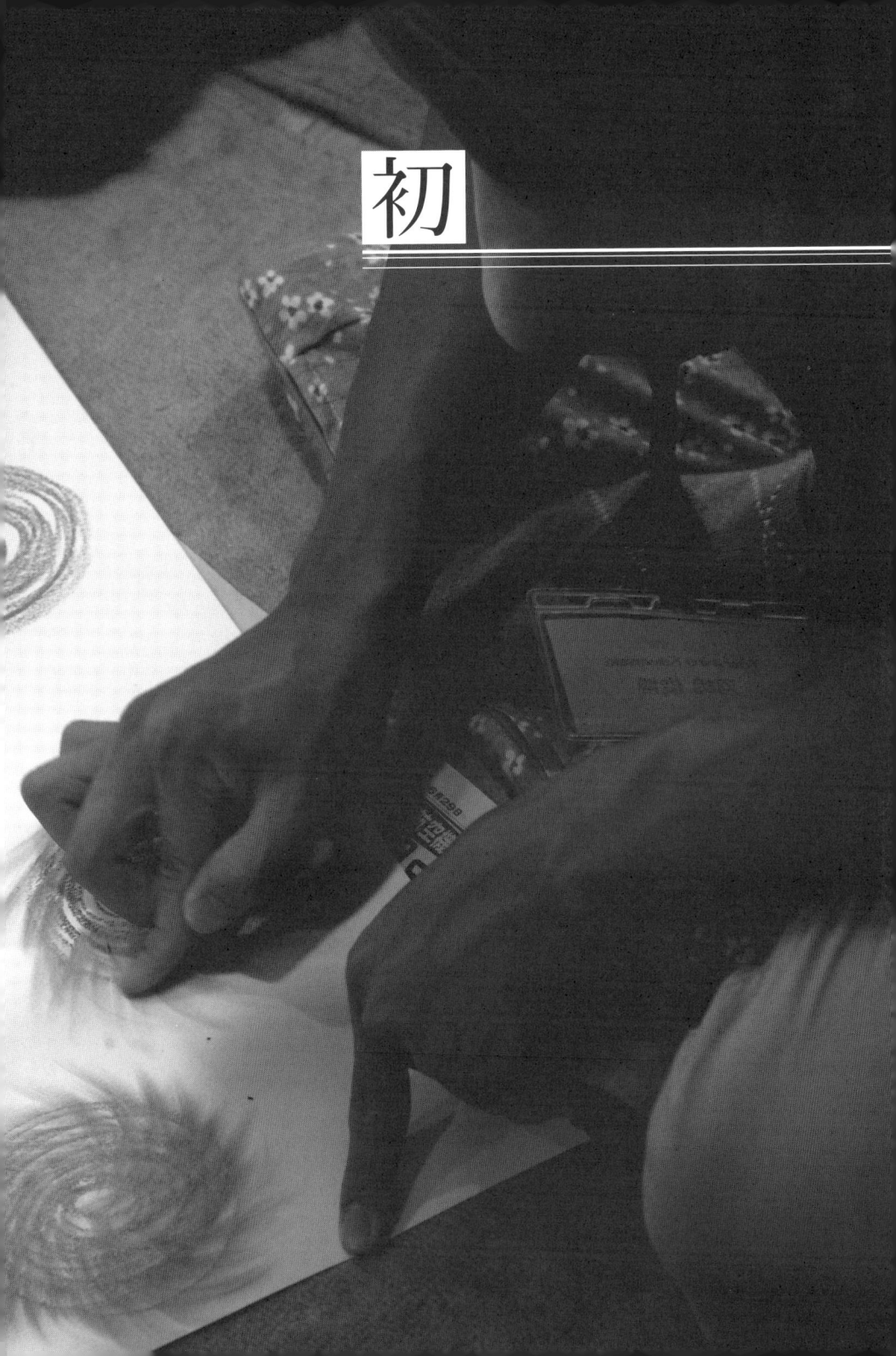

池見：皆さん，こんにちは。本日はお集まりいただき，ありがとうございます。まず，少しだけ，基本的な用語を解説しておきたいと思います。

アートセラピー

　アートセラピーには「芸術療法」という訳語があります。しかし，ここでは「アートセラピー」という言い方を使うことにしましょう。

　アートセラピーの定義はさまざまです。アメリカとイギリスでは定義が多少異なっているようです。アメリカでは，プロとの関係のなかでアート製作を治療的に行うことで，疾病，個人的成長や，生きるうえでの苦難に対処していく，といった定義があるようです。イギリスでは，専門家によって行われる心理療法の一種で，アートを媒体としたものであるとしています。イギリスのほうが，「心理療法」というニュアンスが強いのでしょうか。一方，アメリカでは，「生きるうえでの困難」のように，応用範囲にかなり幅があります。

　アートセラピーを行う人を，アートセラピストといいます。アメリカ，イギリス，どちらの国でも，アートセラピーを行う専門の資格制度が確立していますが，日本にはそのような公的資格制度はありません。ですから，日本ではアートセラピストに出会うことが少ないのです。欧米ではアートセラピストの活動範囲は広く，児童期，思春期，青年期，老人期といったように，どの年齢層にも働きかけています。健康な方に加え，発達障害，不安障害，トラウマ，精神病圏など，医療，刑務所，避難所，老人ホームといった福祉分野での応用も盛んです。もちろん学校でも利用されています。

　今日と明日，一緒にワークショップを担当しているローリー・ラパポート博士（Laury Rappaport, Ph.D.）はアートセラピストで，現在，カリフォルニアにありますノートルダム・デ・ナミュール大学大学院で，アートセラピー学科の准教授として教えておられます。ローリーさんは病院，刑務所，ホームレスの避難所，ティーンエージのグループなどでの豊富な経験をお持ちです。また，ローリーさんは

同じカリフォルニア州で，Focusing and Expressive Arts Institute（フォーカシングと表現アート研究所）を創設されています。

フォーカシング

　ローリー・ラパポート博士と私，それから三宅麻希博士，つまり前に座っている3人ですが，私たちの接点はフォーカシングにあります。ローリーさんと私は，ニューヨーク州にある「フォーカシング研究所（The Focusing Institute）」の資格認定コーディネーターをしています。私はその研究所の理事も務めています。三宅麻希さんは，同研究所の認定する「フォーカシング・プロフェッショナル」の資格をお持ちです。ローリーさんと三宅さんは，2006年にカナダのトロントで開催されたフォーカシング国際会議で，出会いました。とても良い出会いだったと私は聞いています。2008年に私は，矢野キエさん，三宅麻希さんたちと一緒に，カナダのモントリオール郊外で開催されていたフォーカシング国際会議に参加して，ローリー・ラパポートさんに出会いました。この出会いの様子は，ローリーさんの著書の日本語版（ラパポート，2009）の「あとがき」に記しました。なお，この本の原書（Rappaport, 2009）では，私は裏表紙に推薦文を書いています。その関係もあって，事前にこの著作の

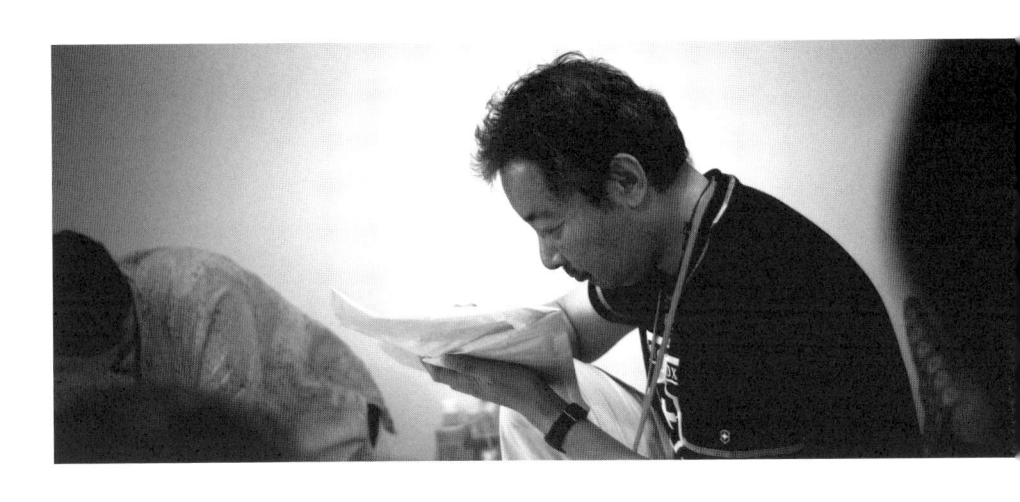

原稿をいただいていたので，英語版・日本語版は同年（2009年）に発行されました。この年，私は淡路島でフォーカシング国際会議を主催していました。ローリーさんも日本に初来日して，「フォーカシング指向アートセラピー」を発表しました。ローリー・ラパポートさんの専門はアートセラピー，そのなかでも「フォーカシング指向アートセラピー」です。彼女はそれの創始者です。「料理の盛りつけでも何でも，日本はアートにあふれている！」と感動したローリーさんは，淡路島以来，毎年来日しています。

　ローリーさん，三宅麻希さんと私のコラボレーションは，ローリーさんの著作の翻訳にとどまらず，3名の共著で，つい最近「フォーカシング指向アートセラピーと体験過程流コラージュワーク」と題した論文の執筆に進みました（Rappaport et al., 2012）。この3名に共通するのは「フォーカシング」なのです。このワークショップでは，アートをどのようにフォーカシングと組み合わせて，私たちの体験を進めていくのかを，探りたいと思います。

　皆さんもよくご存じと思いますが，私，池見は，関西大学大学院心理学研究科のなかにある，関西大学臨床心理専門職大学院の教授をしています。ボストン大学の学部生の頃，最初は心理学専攻でしたが，途中から哲学副専攻に変わりました。大学を卒業する頃，哲学と心理療法の両方を学べる先生を探して，ユージン・ジェンドリ

ン教授に巡り会い，シカゴ大学大学院でジェンドリン教授に学びました。ジェンドリン先生は哲学者ですが，心理療法に興味を抱き，クライエント中心療法の創始者であったカール・ロジャーズ教授（当時シカゴ大学）に，カウンセリングを学びました。後に，「フォーカシング」あるいは「フォーカシング指向心理療法」という，自身の心理療法を展開するようになりました。フォーカシングの第1回目のトレーニングがなされたとき，私は大学院生でした。そんな縁で，今もフォーカシングの資格認定コーディネーターをしていたり，ジェンドリン先生が理事長を務めるフォーカシング研究所の理事をしています。ずっとフォーカシングを，病院臨床や企業の相談室などでのカウンセリングに用いてきました。

大学学部，博士前期課程（神戸女学院大学），そして博士後期課程（関西大学）で私のところで学んだ三宅麻希さんとは，いろいろな仕事を一緒にしてきました。矢野キエ博士，三宅麻希博士，松岡成之氏と一緒に，2007年に「体験過程流コラージュワーク」を考案しました。それ以来，私たちはアートというメディアと取り組むようになったのです。

フェルトセンス

フォーカシングの特徴は，フェルトセンスに触れて，それと関わることです。フェルトセンスは，かすかに「からだ」に感じられる意味の感覚のことです。人はそれを日常的に感じていますが，それには名前がなく，ジェンドリン先生がそれを「フェルトセンス」と名付けました。いつかの例を挙げてみましょう。

誰かに「元気ですか？」と聞かれて，「まぁ，元気です」と答えたとき，「元気」という言葉で感じていることがすべて表現できているでしょうか。

「まぁ」に含意されるのはどんな感じなのでしょうか。

そこにはすぐに言葉にはならないけれど，確かに感じられた感覚があります。これがフェルトセンスです。

「まぁ，って？」
「いや，ちょっと疲れてるかな」

疲れているのと元気なのは相矛盾する概念です。疲れているのなら，元気ではないですよね。だけれども，人の感じ方はとても繊細です。元気で，それでいて疲れているのは，可能なことです。

でも，本当に疲れているのでしょうか。

「疲れているかな」，つまり「〜かな」と言ったのですから，疲れているとは断定できません。正確には，「疲れているという表現が合っているかもしれないフェルトセンスを感じている」，そう言っているのです。人が感じることは，言葉にきっちりはまっているわけではありません。

フェルトセンスは，すぐには言葉になりにくいものです。「元気」「疲れ」などの明解な言葉や概念と，まったく等しいわけではありません。そこで，「元気」「疲れ」などの明確な側面を，「明在的（explicit）」と言います。そして，明確になってはいないがそこに感じられている側面を「暗在的（implicit）」と言います。フォーカシングでは暗在的なフェルトセンスと関わります。

フェルトセンスについて，もう一つの例を挙げましょう。日常生活におけるフォーカシング的態度を研究している上西裕之氏は，彼の博士論文の中で村上春樹の小説の中からフェルトセンスの記述を引用しています（上西，2011）。

> 「どれだけ忘れようとしても，僕の中には何かほんやりとした空気のかたまりのようなものが残った。そして，時が経つにつれてそのかたまりははっきりとした純粋な形をとり始めた。（中略）そのときそれは言葉としてではなく，一つの空気のかたまりとして身の内に感じたのだ（中略）。僕はその形を言葉に置き換えることができる。それはこういうことだ」
>
> 村上春樹『ノルウェイの森』（講談社）

主人公が身の内に，すなわち，からだで感じられる「空気のかたまり」……よくわかりますよね。これは，主人公の友人の死について書かれたところです。そのことを忘れようとしても，何か空気のかたまりのような感じが，からだに残ってしまう。それは形をとり始めてくる。胸の中につっかえがあるような感じなのでしょうか。

最初に話しておきたいこと

初 2

26

このような感覚は誰しも感じるものですが、一般的にこのような感覚は何と呼ばれるのでしょうか。「気持ち」？「情緒」？「感情」？どの表現も合わないように思います。

このように、からだに感じられる意味の感覚を「フェルトセンス」と名付けたのは、ジェンドリン先生の大きな功績だと思います。

『ノルウェイの森』の主人公は、この「空気のかたまり」が何を意味しているのかがわかっていませんでした。しかし、まったく意味がないものではありません。そこには何か意味があるように、感じられているのです。すなわち、「空気のかたまり」の意味はまだ明在的ではなく、暗在的なのです。その意味ははっきりしていないのですが、何か暗に意味しているのです。それは言葉に先立って存在している意味感覚なのです。この、言葉に先立って存在する意味感覚は言葉にならない、というものではないのです。アート作品と同じようなものなのです。作った作品は、まったく意味がないわけではありません。でも、その意味は明在的ではなく、暗に感じられているのです。後になって、それを言語象徴と交差していくなかで、意味が創造されていくのです。そのとき、「言葉になっていく」のです。主人公は「僕はその形を言葉に置き換えることができる。それはこういうことだ」としているところが、フェルトセンスのこの特徴をよく表しています。しばらくしてから、それは言葉になっていくのです。そして、そのとき意味が創造され、「空気のかたまり」はすっきりとしてなくなるか、形を変えるなどしているはずです。

ここで、意味が「創造」されるとしましたが、暗在的な意味は最初からあって、隠れているわけではないのです。言葉やアート表現にしていく過程で、意味は新たに発生するのです。そして以前には考えてもみなかった意味が創造され、人はそれに気づいていくのです。

フェルトセンスを感じて、それと関わって、意味を見いだしていく過程をフォーカシングと呼ぶのなら、この主人公はまさにフォーカシングをしているのです。こういうことが書けるということは、作者である村上春樹さんは自然にフォーカシングをされている方な

のでしょうね。
　暗在的に感じられるフェルトセンスを言葉やアートといった象徴を通して表現し，それらを言い表すなかに，新しい理解や人生の次の一歩が創造されていくのです。このワークショップでそれが体験できればいいですね。
　さて，フェルトセンスは表現されるばかりではありません。表現された作品が，私たちにフェルトセンスをもたらしてくれます。自分の作品を見て，感じてみると，独特の「自分臭さ」といったフェルトセンスがもたらされると思います。

ビジュアル・アーツばかりでなく，音楽もそうですよね。マイルス・デイビスのミュート・トランペットは，静かに何かを語っているように聴こえてきます。聴いている人々にある独特のフェルトセンスを呼び起こすのです。私はトランペットを吹いていたことがあるのでマイルスを例に出しましたが，皆さんも好きな音楽を思い出してみてください。「この感じが好き！」という「この感じ（フェルトセンス）」が，曲を聴くだけでからだに響きますよね。素晴らしい音楽家の作品は，多くの人々に何らかのフェルトセンスをもたらすのでしょう。

30

さて，これから，暗在的に感じられるものを，明在的なアート作品として表現していきます。その作品を通して，再び何かが暗在的に感じられてくる。こうやって，暗在→明在→暗在→明在……をジグザグしながら，アート作品が自分自身の人生の次の一歩を開示してくれるといいですね。

3
画材や道具に馴染む

染

ローリー：まずは画材や道具，筆記用具に馴染むことから始めましょう。それから，アートがどのように「フェルトセンス」を表現するのに役立つかを，みていきましょう。

　そして，このワークショップのねらいのもう一つは，皆さんがフォーカシングのなかでアートを使うことに，馴染んでいただくことです。

　アートを使うということは，本当にナチュラルなことなのです。子どもの頃を思い出してみましょう。子どもたちは皆，色や形を使って表現します。それは言葉以前の言語です。そして，私たちは皆，子どもから始まったのです。だから，アートは私たちのなかに

ある母語のようなものなのです。

　学校に行ってから，ある人たちは絵が上手で，ある人たちは下手だ，ということを学んでしまったのです。そして，描くことをやめてしまう人たちもいます。だけど，それは失ってはいけない大切な言語なのです。

　このワークショップではアートで遊びましょう。綺麗なものを作ろうとか，模写しようとは思わないでください。からだに聞いて，あぁ赤い感じなんだとか，こんな線なんだとか，両手で描きたいとか……。

　自分をそのまま表現することを許容すること。

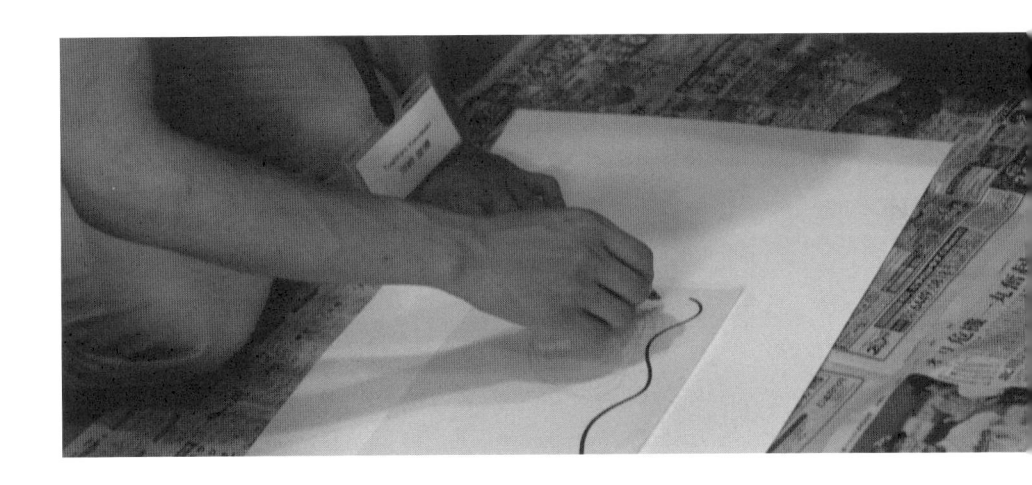

　フォーカシング的態度，ウェルカムするような態度を，アートに向けてみたいのです。

　まずはアートを作ることを始めましょうか。それからフォーカシングをしてみたいと思います。

アートのための
ウォーミングアップ
エクササイズ

　では，まず色を選びましょう。そして波線を描いてみましょう。

次は，ギザギザの線を描いてみましょう。色を変えてみてもいいですね。違う線を描くと，フェルトセンスが違っていることに気づきましょう。

　次は，ダッシュを描いてみましょう。反対の手に持ち替えて，感触を試してみるのもいいでしょう。両手で描くことも試してみてはどうでしょうか。

　次は，音を立ながら「てん，てん，てん」と描いてみましょう。では，どの種類の線でもいいので，力強く，濃く描いてみましょう。次は，とても柔らかに，薄く。描いているときの息づかいに，気づいておきましょう。

　パステルクレヨンだけではなく，色鉛筆やマーカー，オイルパステルなども自由に試してみてください。遊び感覚でやってくださいね。

　最後に，ここで終わるのにぴったりな，線や形，色を見つけましょう。

　自分にとってどの色や線とつながりを感じたか，いい感じがしたかなどに，気づきましょう。これは，言語としてのアートが，どんな感じを表現できるかを知るためのエクササイズでした。この体験について，ペアになってシェアしましょう。

　　　【参加者同士，ペアで感想を話し合う】

それでは，皆さん，どんな感想だったでしょうか。

参 加 者 の 感 想

Ａさん：赤や緑の強さが気に入らなかったので，最後に茶色で全体を，ゆっくり，ゆっくりと描いていったら，落ち着いて，全体がまとまりました。一つずつの線は，楽しくて，次々と描きたくなる感じがしました。
ローリー：赤が気に入らなかったのはどんなところですか。
Ａさん：何かこう……これだけが突出してしまって。

ローリー：突出している感じ。強い感じで描くと，他の色とは違った感じはしましたか。
Ａさん：……気分が違う。
ローリー：気分！　そうです。違った気分として感じられるのです。それはとても大切なことですね。強い気分，強いフェルトセンスが感じられたら，強い線を描くことができます。

フェルトセンスを
アートにする
エクササイズ

　次に、フェルトセンスを確かめます。そして、フェルトセンスを色や線、形などで表現できるかやってみます。心地良い座り方を見つけましょう。

　からだの奥深くまで、息を吸い込みましょう。深呼吸をしながら、クッションや床からの支えを感じましょう。地面から、空からも、支えられている感覚を感じましょう。

　準備ができたら、優しく息を吸い込みながら、今、内側ではどんな感じなのかに気づいていきましょう。判断することなく、今あなたのからだで起こっていることにただ気づいておいて、優しくできるかどうかみてみましょう。

　そして、「私は今、内側でどんな感じだろう」と尋ねてみましょう。

　【時間をとる】

　ご自分のペースで結構ですので、内側のフェルトセンスにぴったりな色、形、線、イメージがあるかどうかみてみましょう。

　もしかすると、言葉やフレーズ（言い回し）、音やジェスチャー

が浮かんでくるかもしれません。

　それがぴったりかどうか，からだに確かめてみて，違っていたら新しい色や形，線やイメージ，言葉やフレーズが浮かんでくるのを待ちましょう。

　準備ができたら，フェルトセンスの質感をとらえることができる色や形，線やイメージを描いてみましょう。

　【参加者は描き始める】

　では，先ほどのペアになってシェアしましょう。フェルトセンスを感じとるフォーカシングをして，それをアートに表現するとどんな感じだったのかをシェアしましょう。

　【参加者同士ペアでシェアする】

参 加 者 の 感 想

ローリー：フェルトセンスをアートで表現することがどんな感じだったか，聞かせてください。

Bさん：最近の自分のことを感じていると，わりと，楽しい新しいことへの期待が感じられました。色は何がいいかなと思うと，ピンクがいいかなと思いました。先ほどのエクササイズで，力強く描くというのを初めてやってみて，油絵のようになる感じがすごくよかった。で，最初ここを塗って，わくわくした感じや楽しい感じがあ

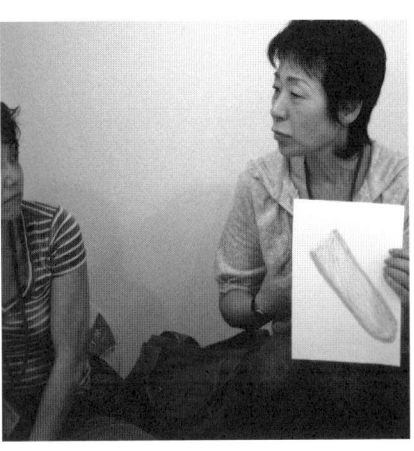

る一方で，楽しみにしすぎるとがっかりするのではないか，という感じもありました。強く塗っているうちに，心配がなくなってきたというか，楽しい感じとか将来の期待みたいなものがしっかりしていった，という感じでした。

　で，次はこのブルーを選んで，これはいまだに何なのかよくわからないんですけど，何か，海の色とかいう感じ。何か遠くで良いものが待っているような感じ。

　そしてこの白い部分は，時間がなかったから白いのですが，何か将来の可能性みたいに感じられたんですが，ちょっとやっぱりうれしい感じを付け加えたかったので，キラキラした感じを加えてみました。

ローリー：フェルトセンスを表現するためにアートを用いると，フェルトセンスそのものをとらえることができて，それでいてアートのプロセスを続けていくので，フェルトセンスが推進されるのです。ですから，フェルトセンスが変化していきますよね，あるいはもっと多くが立ち現れる，ともいえるでしょう。時間があるときにはフェルトセンスをもう一度確かめて，「このアートには何か加える必要があるかな」と尋ねてみるといいですね。

Cさん：質問があります。私の描いたのはこういうものなのですが，私のイメージではグレーの試験管のようでした。この表現では，ちょっと違うんですよね。水彩画の絵の具を薄くして，すーっと描くとぴったりなんです。質感はぴったりなんですけど，ちょっと無理がある，という道具の不便さみたいなものはあるんですか。

ローリー：もっと違う画材が必要だったんですね。それはとても重要なことです。フェルトセンスを表現するためには，それにぴったりな画材が必要です。

池見：それもそうなんだけど，これで表現できていないと感じることで，本当は何であったらよかったか，ということがはっきりする面もありますよね。絵の具があったらあったで，またちょっと違っていたかもしれない。

Cさん：うまく描くことができないからこそフェルトセンスで，ぴったりな表現ができたらフェルトシフトが起こるわけですよね。だから，もし絵の具で描いていたとしたら，あっ，と何かがわかった

画材や道具に馴染む

染3

のかもしれない。でも，今はわからない。

池見：ジェンドリン哲学みたいだね（笑）。stoppage（停滞）があるからこそ，推進しなくて，今の感じがある。

画材について

ローリー：臨床的には，画材によって構造の強弱，コントロール感の強弱があるといわれています。構造が必要なときには色鉛筆などを用います。鉛筆はとてもコントロール感があります。これに比べると，オイルパステルは鉛筆ほど繊細にコントロールできません。筆を使う水彩や油絵はもっとコントロールが利きません。どういう人と，どういう場面でアートセラピーを行うかによって，道具を選ぶ必要があります。それから，クレヨンは子どもっぽいと思う人も多いので，大人にはオイルパステルを使うことにしています。オイルパステルだと，「本物の画材を使っている」と感じますから。

若い頃の体験ですが，ティーンエージの子たちとアートセラピーのグループをしました。まだ，道具のことがあまり文献でも言われていない頃のことでした。グループで筆を用いてみたのです。そしたら，何ということか。もう，彼らは，筆で壁に落書きを始めたのです！ もう，大変！ そこで，次週は粘土を使うことにしました。これも大失敗でした。彼らは廊下に飛び出していって，鍵穴に粘土を詰め始めたのです！ ティーンエージの彼らには，もっとコントロールが利く道具が必要だったのですね。

池見：これは大切なことですね。どんな人とセラピーをするかによって，画材を使い分ける必要があるのですね。そして，今では文献的にある程度のガイドラインがあるのでしょうが，相手との関係を感じとって，その場面，場面で，どんな画材が必要なのかと，セラピスト自身が自分の感覚に確かめる作業が必要なのですね。

それから，いきなり「絵を描け」と言われたら，僕なんかは絵が下手だから抵抗を感じるかもしれないけど，今回のようにまず線を

44

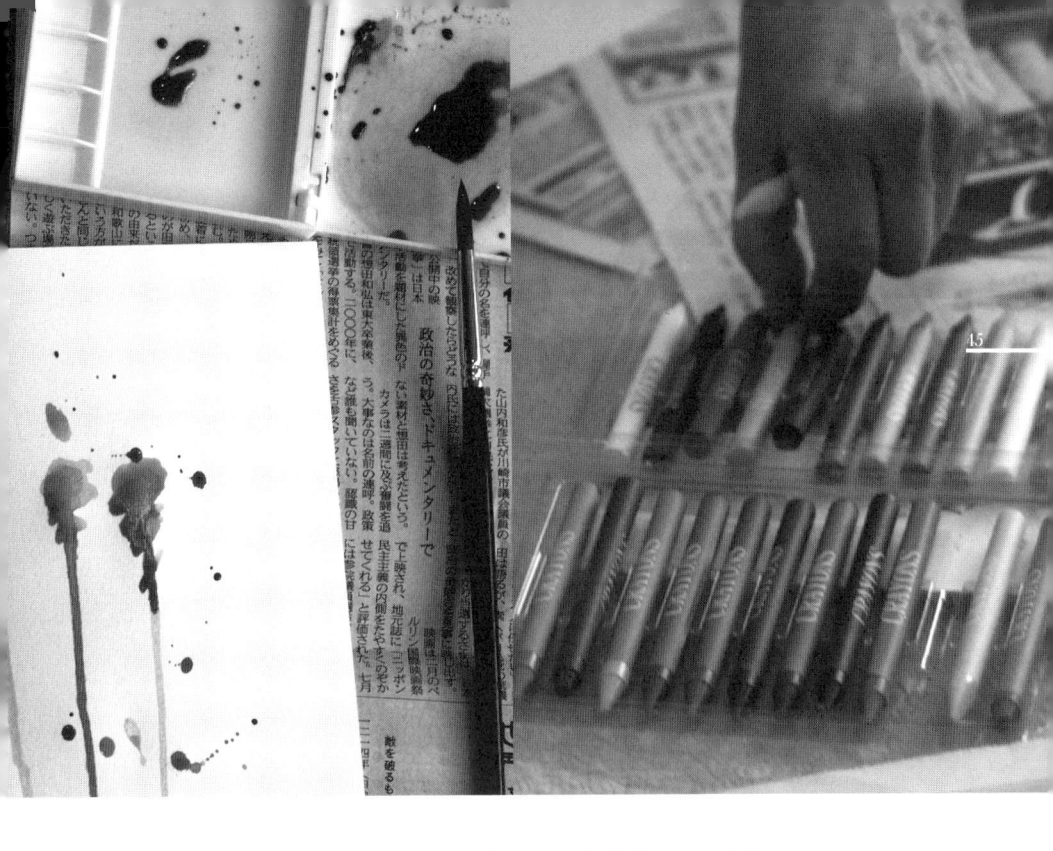

描いたり，カーブを描いたり，違った道具（画材）を使ってみたりして馴染んでいく過程は大事ですね。馴らしているうちに，楽しくなってきて，そう，何だか遊び感覚が出てきて，もっと描きたくなってくるのですね。

4
カンバセーション・ドローイング

会

ローリー：次のワークは何度やっても新しい体験です。「カンバセーション・ドローイング」(Conversation Drawing) というワークです。さっそく始めましょう。

これまでペアになったことのない人と，ペアを組みましょう。二人で1枚，大きなサイズの紙（四つ切り）を取ってきて，座りましょう。

ペアが組めましたか。いいですか。

これから，声に出さずに会話（カンバセーション）します。描くことで会話します。どちらかの方から始めていただき，線や形を描きます。具体的なイメージや抽象的なものを描いてもかまいません。どちらかの方が最初に何かを描き，これは一筆程度で，あまり凝ったものを描くわけではありません。相手の方はそれを見て，同じ画用紙の上に描きたくなった線や形などを描き込みます。こうやって，交互に「会話」し，共に製作していきましょう。相手が描いたことを必ずしも「受ける」必要はありません。途中からテイストが違うものを新たに描き始めてもいいですよ。

では，5分間，会話しましょう。

【会場は沈黙の中で作業に取り組んだ。「クスクス」と笑い出すペア，吹き出して笑い出すペアもいた】

【5分間のカンバセーション・ドローイングが終了】

ローリー： はい，いかがでしたか。これから，面白かったこと，体験したことについて，皆さんでシェアする時間を持ちたいと思います。

Gさん： 私たちは，あの，Sさんが最初にぐるーんと水色で卵のような円を描かれて，で，そのときに私は，「今年こそは我が道を行って，自分は自分でやるぞ」って決心をして，それで挑戦的にちょっと赤でがーんとやってみたんです。かなり冒険のような色でした。形も。で，ところが，今度はSさんがここに，渦巻きを描かれたんです。ブルーで。そしたら，挑戦しよう，我が道を行こうと思った私は，ものすごく惹きつけられてしまって，「その渦，見たい，行きたい，関わりたい」ってとっさに思っちゃったんです。それで，ここに行きたい，行くには橋を架けようと，茶色で線を描いたんです。ところが，描いてるうちに，「これは丸太橋だ，丸太をパンっと向こうに渡そう」と思って，丸太のつもりです。それで，後でシェアしたら，彼女のなかにも，その前のエクササイズで，丸太の，木の橋のイメージがあったそうです。それで，彼女にとってもこの丸太橋はとても意味のあるものになった，ということをお聞きして，私もとてもハッピーな気持ちになりました。

ローリー： パートナーの方は，何かシェアされたいことがありますでしょうか。

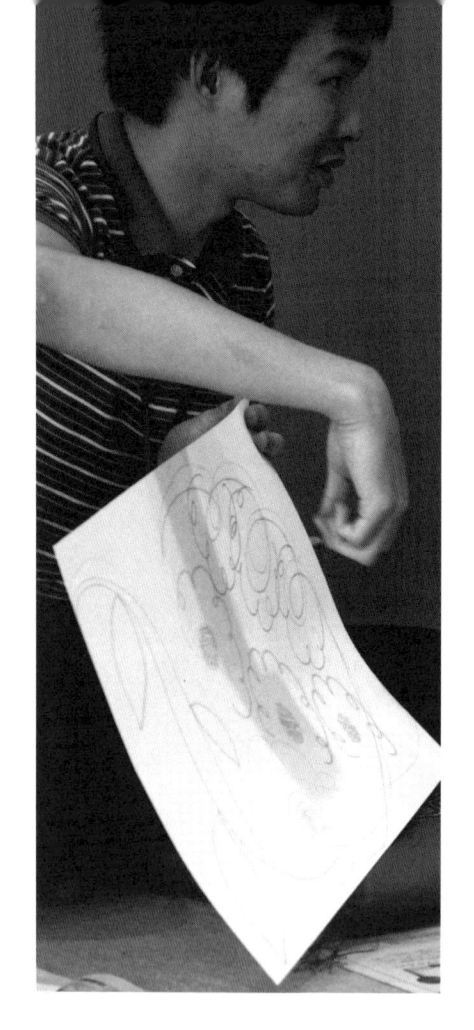

Sさん：ここを渡してもらうと，ここ渦巻きだったんですけど，潤う，満たされてくる感じがあって，ここ，塗っちゃったんです。

ローリー：多くのことが，相互作用の内に起こっています。あなたのフェルトセンスと相手の方のフェルトセンスの相互作用です。それをカンバセーション・ドローイングでは，まさに実感することができます。近いか遠いかという距離感や，どのようにしてつながっていけばいいのか，といったこと。このようなことは，対人関係では常に起こっていることでしょうね。

池見：質問してもいいですか。二つ質問があります。最初の質問は，カンバセーション・ドローイングは，いったい誰が始めたのですか。もう一つは，これをクライエントさんと一緒にやることはありますか。反対に，一緒にやらないほうがいい場合がありますか。

ローリー：カンバセーション・ドローイングの始まりについては定かではないのですが，カンバセーション・ドローイング以前に，ウィニコット（Winnicott, D. W. 〈1896-1971〉：イギリスの小児科医・精神分析家）が考案した「相互スクイグル法」がありますよね。だけど，ウィニコットが行ったスクイグル法は，カンバセーション・ドローイングとは少し違っていました。スクイグル法では，普通はクライエント（子ども）から描き始め，それにセラピストがついていったり，ミラーリング（反射）したりします。ウィニコットは子どもたちとのワークのなかで，これを発展させました。つまり，この方法は，つながりが持ちにくい子どもと，つながりを持つための方法でした。また，スクイグルは子どもへのリフレクション（「伝え返し」と呼ばれるカウンセリングの基本的

な応答）であり，リスニング（傾聴）のようなものでした。ですから，ウィニコットのいう「潜在空間（possible space）」としての移行空間（transitional space）を作り出すのに役立ちます。

　カンバセーション・ドローイングは，この点で違っています。リフレクションするだけでなく，会話の相手も何かを表現することができるのです。両者が何かを言うことができるのです。カンバセーション・ドローイングの実施についていえば，子どもとワークするのは，よい使い方だと私は思います。なぜなら，子どもはイメージや色，形を通してつながっていくからです。しかし，私はセラピストの役割としては，子どものリードに沿っていき，リフレクションをすることが重要だと考えています。ですから，子どもとのセラピーのなかで用いるときは，今回のワークショップで行ったのとは，少し違っているでしょう。

池見：そうすると，子どものセラピーではウィニコットの相互スクイグル法に似ているのですね。

ローリー：少しはね。

池見：少しは，ですか。では，違いは何なのでしょう。

ローリー：私はカンバセーション・ドローイングには，セラピストの本来性の余地があると思います。だけど，それを表現するには，十分な注意とスキルが必要なのです。

池見：ということは，クライエントのプロセスに沿いながら，セラピスト自身のフェルトセンスを表現するのための余地を残している……。

ローリー：そうかもしれません。だけど，セラピストは境界に気をつけなければなりません。クライエントが違えば，その境界も違っていますからね。

池見：なるほど。もう少し，「境界」ということについて話してもらえますか。

ローリー：そうですね，何かの悲しみがある子どもを例にとると，私はその悲しみをリフレクションするかもしれません。でも，私自身も私の人生の悲しみを持っています。ここでは私の個人的な悲しみは表現しないかもしれませんが，セラピーであれば，それを表現するかもしれない。

池見：なるほど。では，二つ目の質問をさせてください。どういうときにクライエントとカンバセーション・ドローイングをしますか。あるいは，どういうときはしないのか。または，相互スクイグル法のように行ったほうがいい場合もあるのか，どうでしょうか……。

ローリー：私はグループセラピーもしますから，カンバセーション・ドローイングで，グループ・ファシリテーションをすることがあります。これはグループセラピーに大変役立ちます。多くのことがみえてきます。たとえば，誰が最初にカンバセーションを始めて，誰でカンバセーションを終えるか。その空間をどのように感じているのか。それがそのクライエントの人生にとって，どんな意味があるのか。メタファーとしてそのようなことをみていくと，非

常に役立ちます。クライエント自身のダイナミクスとの関連をみていきます。

池見：それはまさに，クライエント自身の人間関係や人生のメタファーなのですね。

ローリー：そうです。先ほどの解説のとき，パートナーが先に始めましたが，私が先に始めることもできました。これは経験のなかから学んだのですが，あるクライエントは，いつも先に始めたパートナーに応えるように描いていました。私はたくさんのグループでこのワークを行いましたが，こんなに，常に応え続ける人は他にはいませんでした。だから，このクライエントは，彼女の人生で常に「待つ」というパターンを持っていることがわかりました。

【参加者から笑い】

同じようなことが起こりましたか。

Bさん：（笑）ええ，コミュニケーションのパターンが，ワークに現れていました。

ローリー：（笑）そうでしたか……。ところで，これは重篤な精神病のクライエントにも有効だと思っています。グループセラピーでも，個人セラピーでも。なぜなら，彼らとつながりを持つためには対話以外の方法が必要だからです。紙に描くことで，相互作用を持つための安全が感じられます。また，アートは，インスピレーションを与え，エネルギーを誘い出し，何というか……活性化させるのです。ですから，このような病態のクライエントには，ある種エネルギーを活性化させるようなことが必要なのです。

それから，カンバセーション・ドローイングをしないほうがいいクライエントたちもいます。たとえば，行動化（アクティング・アウト）する思春期のクライエントです（笑）。ところかまわず書きなぐるなどして，暴力的になったり攻撃的になったりしてしまいますよ。

Cさん：今のお話は心理療法の話でしたね。私の体験なのですが，健康な人たちと，5～6人のグループで，カンバセーション・ドローイングを実施した経験があります。お互いに描いたものに刺激されていました。これは健康な人たちにも有効なのではないかと考えましたが，どうでしょうか。

ローリー：1枚に5～6人で書いたのですか。ああ，3グループ作って実施したのですね。もちろん，健康な人たちにとっても素晴らしいエクササイズです。

Tさん：1枚の紙に数名で描くということも可能なのでしょうか。

ローリー：試してみられるといいと思います（笑）。私は3人で実施してみたことがあります。通常の会話と同じように，2人で対話するのはシンプルですが，3人になるとそれが良い場合もあるし，複雑になる場合もありますから，ある意味チャレンジではあると思います。試してみられるといいと思いますよ。

Cさん：私が実施したのは，1枚の紙に5～6人で描くというものでした。

ローリー：そうすれば，グループのことについて学べますよね。

池見：大きな紙を使ったのですか。
Cさん：そうです，模造紙で。
池見：フォーカシングを教えるなかで，カンバセーション・ドローイングはどのように使えるのかな，と思って……。僕も，フォーカシングって何だかよくわからないと言っている人に，やってみたことがあるんですよ。だって，描いていると，何か感じることがあるでしょう？　そんなところから始めたことが一度だけありますね。皆さんはどうでしょうか。
Cさん：私の例では，まったくフォーカシングを知らない人に対してならば，プログラムの順番があります。まずは，小さな紙に気がかりを書いてもらいます。いろんなことを書いてもらう経験があって，ちょっとわかったところで，カンバセーション・ドローイングを取り入れる。プログラムの順番がかなり影響するように思えます。
Bさん：その順番で行うことには，何か意図があるのですか。
Cさん：私は普段，あまりプログラムは決めずに，グループの進行を見ながら順番を決めているので，そのグループではこの順番が良かったみたい。
Bさん：たまに学生と一緒にやると，知的な解釈をしたがる子がいるので，そこはちょっと難しいところですね。これは解釈やパーソ

ナリティ・テストではなく，単なる体験であり，感覚するという体験，あるいはコミュニケーションのパターンを知るためのワークだということを，わかってもらうのが難しい。

ローリー：これは解釈するというようなものではない，ということを説明するのに，時間がかかると思います。特に学生と行う場合，学生たちはすべてを知りたいと思っているので，これは解釈とは別のことについての方法，別の目的なのだということを，教えなければならないでしょう。

Tさん：同じ大学生と一緒にカンバーセーション・ドローイングを

実施したとき，「自分を自由に表現しましょう」と言って始めました。シェアリングのとき，ある学生は，自分を表現することに夢中になっていて，相手のことを考えていなかったことに気づいたと言っていました。私は，このような体験も良い気づきになったと思っています。

池見：他者に対する感受性っていうのかな。

Mさん：1人で描いているときと，2人で描いているときは全然違うなぁって思いました。2人で描く，という時点から，すでに関係ができているな，と私のなかでは思いました。自分のフェルトセンスを描くというより，2人の関係のなかにあるフェルトセンスを描くという感じでした。

ローリー：そのとおりですね。

Mさん：今回のワークの場合，パートナーが先に描き始めたんですね。

Vさん：まず，ぐるぐるぐるぐるした線を描いたんですね。そうしたら，パートナーがその線に沿ってぐるぐる線を描いてくれて，あぁ，これでいいんだと思って，同じように描いていったのですね。そして，ぐるぐるのお花ができたんです。後でシェアしたときに，前に描いた線と似てると思うと話したのですが，ちょっと違うな，と思って。カンバセーション・ドローイングをするときに，僕は最初，いつもぐるぐるした線を描き始めるなぁと思ったら，人と関わるときに，まず僕はぐるぐるしてるんだなぁと思って（笑），あぁ，そうかと思って。やっぱり，その場の関係のなかで，僕がどういうパターンを持っているかということに気づいて。

Mさん：私はそのぐるぐるに完全についていってたんですね。それがやっぱり，私自身の人と関わるパターンなんだっていうことに気づいたっていうか。

Vさん：ついてきてもらってるなぁと思ってうれしくて，こう描いていた。

池見：すごく大事なことだと思うんですけど，フェルトセンスは「内なるもの」ではないと思うんです。フェルトセンスはいつも相手との間にあるっていうか，相手との関係のなかで感じている。一人でフォーカシングするときは，自分との関係のなかでフェルトセ

ンスが感じられてくるわけですよね。だから，自分を責める人とか，自分に厳しい人とかだと，そんなフェルトセンスが出てきてしまう。常に関係にあるんだな，っていうことを改めて感じましたね。

ローリー： 相互作用のなかにある。

池見： はい。では，そろそろお昼にしましょうか。

カンバセーション・ドローイング

会4

5
手中にあるもの・手に入れたいもの

手

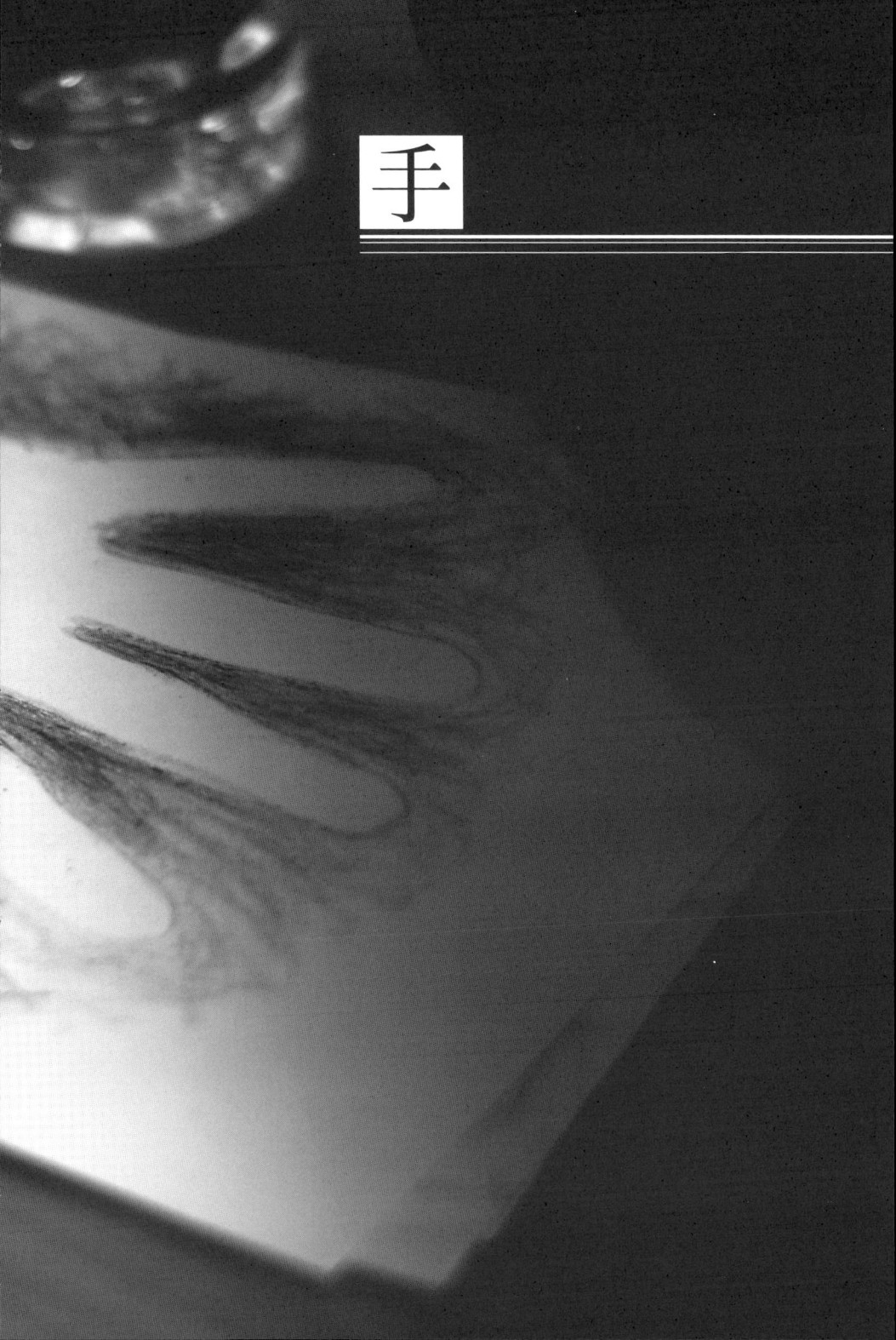

ローリー：午後もエクササイズから始めましょう。とてもシンプルなエクササイズです。何をするかというと，自分の手の形をトレースします。クレヨンか細いマーカーを使ってみましょう。A4サイズの紙を使いましょう。

　最初に手の形をトレースしましょう。その後でもっと詳しい教示をします。

　【手の平をA4サイズの紙の上に乗せて，クレヨンや細いマーカーで形をとっていく。右利きの人は左手を紙の上に乗せて，右手でマーカーを握って左手の形をとる。紙には手の形ができている】

　はい。よくできましたね。

　【会場から笑い】

　私たちの手は何かをつかみにいくものです。そしてまた，何かを受け取るものです。何かを握るものでもあります。

　それでは，少し時間をかけて，静かに，自分のこころの内に聴いてみましょう。自分の人生や生活のなかで大切なもの，私たちが大切にしている，あるいは持っているものや，人に手渡したいもの，受け取りたいものは何でしょうか。

　これについてアタマで考える必要はないのですよ。私がガイド（教示）していきますので，楽な姿勢で座っていてください。

　ゆっくり息を吸って，からだの中に深い呼吸を届けてください。

……10秒沈黙……

　【笑いながら手の形をトレースしていた参加者たちは，ここで沈黙して自分のからだに注意を向けた。多くの参加者は目を閉じていたが，「目を閉じるように」という明確な教示はなかった】

　いいですか。それでは私の人生や生活で大切なもの，握っているものや握っていたいものは何でしょうか。

……5秒……

　それはプライベートなことだったり，仕事上のことだったりすると思います。

……10秒……

　それは自分が社会や世間（世界）に手渡したいものかもしれません。

……5秒……

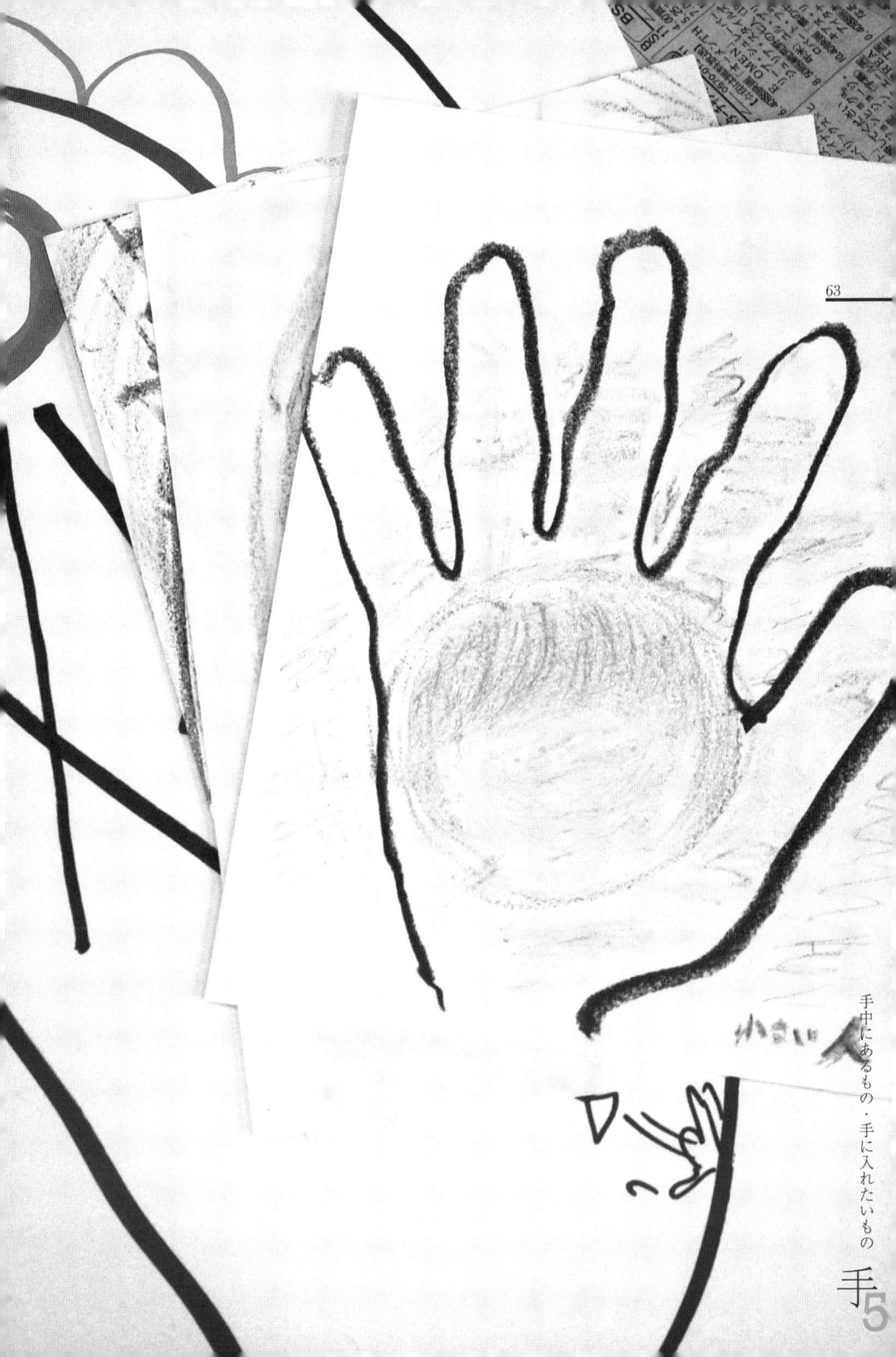

手中にあるもの・手に入れたいもの

手5

あるいは，それはあなたにとって大切なこと，意味があることなのかもしれません。

……55秒……

何か浮かんできていたら，それを感じてみましょう。喉の奥や胸，お腹など，からだに注意を向けながら，そのことを思い浮かべると，何かが感じられてくるかもしれません。

その感じから色や形か言葉が浮かんでくるかもしれませんね。

……15秒……

いいですか。よかったら，どうぞ手の平を形取った紙の上に描き始めてください。手をデコレートする（飾る）ような感じですね。指に文字を書き込んでもいいし，一本一本の指に言葉が入るかもしれないし，手の中心に何か描くことになるかもしれません。指に描いていくのは，私にとっては楽しいですけどね。10分間で描きましょう。

【沈黙のうちに参加者たちはそれぞれの感じにあった画材（色鉛筆，マーカー，クレヨン，オイルパステル，水彩絵の具）を手にして描画を始めた。沈黙の中で，ときどきクスクスと笑い出す人の声がした】

質問：一つの事柄についての感じを描くのですか。それとも，複数の事柄についてのそれぞれの感じを描くのですか。

ローリー：どちらでもいいですよ。

質問：一つの事柄の複数の側面を描いてもいいんですよね。

ローリー：もちろん，いいですよ。自分に浮かんできているままに描いてください。

【手に絵を描いた後，ペアで作品について話し合った。部屋は参加者の声に包まれ，ときどき笑い声や驚きの声があがっていた】

ローリー：手を描くのはどんな感じでしたか。
Fさん：手のなかの大事なもの，というよりも，僕の場合は手の温もりとか柔らかさを感じていたな，というのがありますね。
Gさん：思いやりを感じて，それを指のところに描きました。そしたら，思いやりを他の人からもたくさんもらっているなと思って，それを真ん中のところに描いた。そうすると，今度は，私は皆からたくさんもらっているのに，私は皆にあげているのだろうかって思いが出てきて，そうなると，ちょっとチクチクチクっという感じ。そしたら，外に向いていた意識が，ポンとひっくり返って内に向いた気がして，そして，私は私にあげているのだろうかって，そしたらフェルトセンスが強烈に，ここ（胸）に板が感じられて。今朝から感じていたんですけど，今日，明日でこの板はどうなるんだろう。
Hさん：こういうふうに手を描いてしまったので，大切なものはここに乗せられないだろう，という違和感を感じて……。
【手の平ではなく，手の甲を描いた】
池見：僕も最初そう描いたんだけど，どっちでも一緒よ。中に手相を描けば，手の平に見えてくるから。
【会場から笑い】
Bさん：右利きだから左手を描いたんですけど，それはそれで楽しかったんですけど，何かもの足りない感じがして。それはやっぱり，いつものパターンみたいなものが出ているのかもしれないと思って，反対の手でやってみてもいいのかな，時間があったら，とやり終わってから思いました。
ローリー：たしかに右手と左手とでは

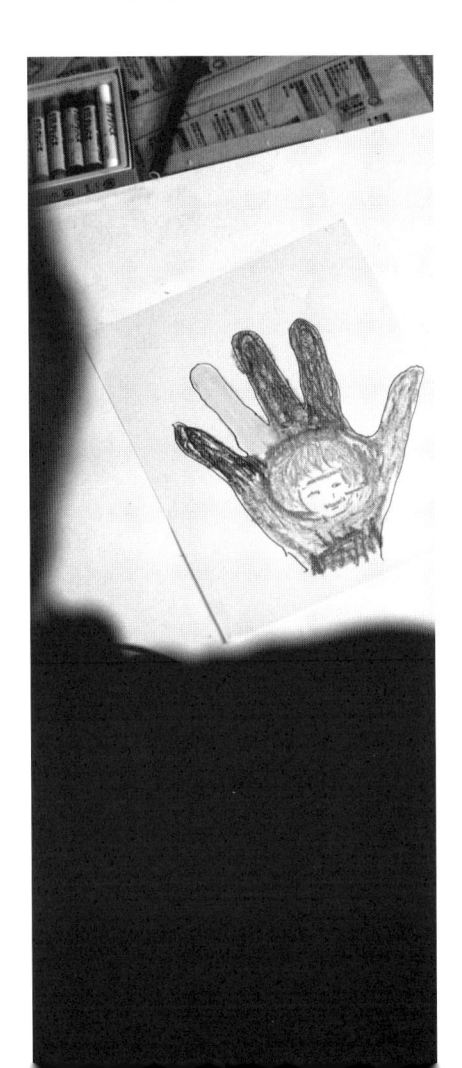

違う感じになったり，脳の違う部分が刺激されるかもしれませんね。ワークショップでの時間は限られているから，持って帰って試してみて，さらに発展してみてもいいと思います。

ローリー：これは，絵を描くのが苦手な人には，役に立つエクササイズだと思います。誰だって手をトレースして型をとることはできますし，子どもの頃やったことがあるでしょう？　それから，大きな画用紙を使って，何人もの手の型をとって進めていくこともできます。

【会場から，「あ～なるほど」のような歓声】

池見：グループ（小集団でのワークやグループ・セラピー）にいいですね。

ローリー：そうです。グループにいいです。

Cさん：私はHさんと違っていて，最初はこっち向き（手の甲）だ

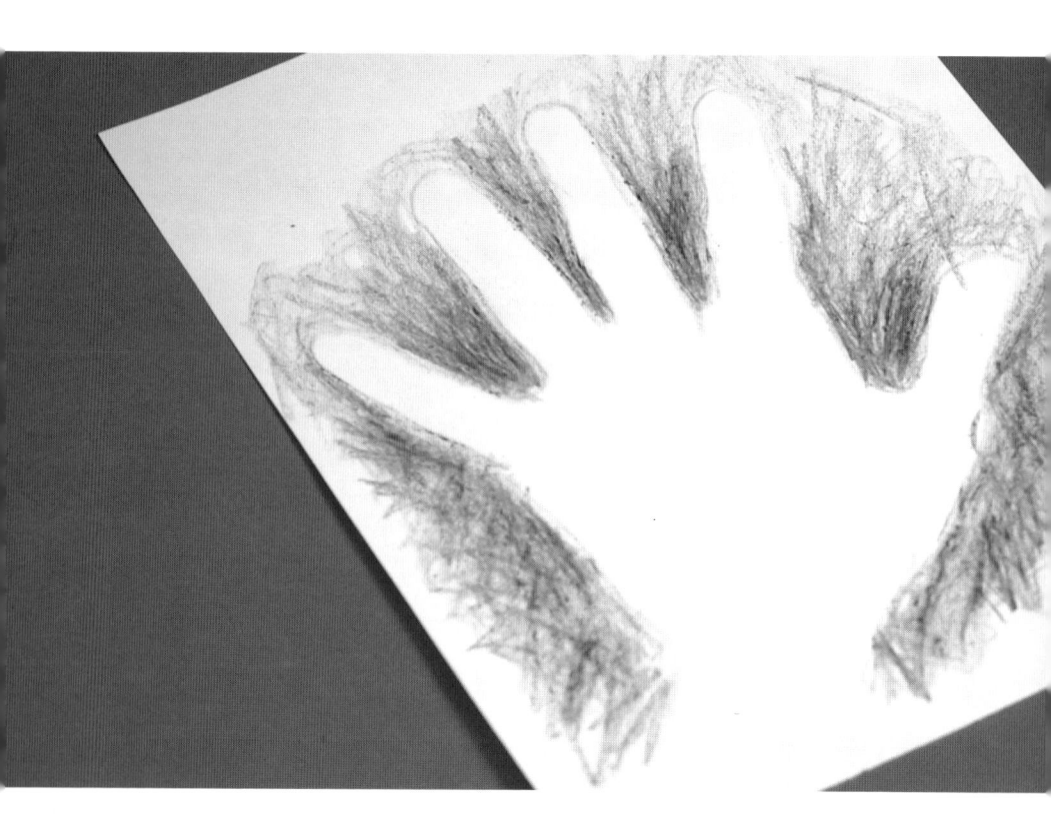

ったけど，やっているうちに手の平になっていて，ちゃんと手の平に載っているという感じでした。

ローリー：とても興味深いことですね。手についての見方が，日本とアメリカ合衆国とでは違っているように思います。昼休みにアキラ（池見）さんにこのエクササイズについて話してみたら，彼も同じように感じていたんです。アキラさん，直接話してくれますか？

池見：あの，日本語には「手に入れる」といった表現がありますよね。大事なものを「手に入れる」とかね。だから，やっぱり大事なものは手の平ですよね。手の甲だと落ちていきますからね。

ローリー：アメリカでは，手の平なのか手の甲なのかといったことは，まったく話題になったことがなくて。

池見：さっき，昼休みのときに，「僕は大切なものは手の平に描くけどね」と話していたんです。ローリーは手の甲を想像していたよ

68

うだったけど。それで日米の感じ方は何か違うんだな，という話をしていたところなんです。
ローリー：本当に面白いわね。次に日本でやるときは，「手の平」と言うことにします。
　【会場から笑い】
Jさん：困りました。(手の甲から)落ちないように工夫しましたよ(笑)。
ローリー：工夫することは大事ですね。自分に合うように変更していくことが大事ですね。
Kさん：とても面白かった。でも，とてもダイレクトなものが出てきて，さっきもしゃべってたんですけど，紹介するのが恥ずかしいくらい，自分にとっては大事なことで，しかも手に持っておくとリアルな感じが増える，というか。でも，それはいい感じ。
ローリー：強烈だけどいい感じなのですね。
池見：手に描くというのと，木(の絵)の上に描くというのとでは，手に描くほうが親密なものが出てきやすい，うん，ということ？
Kさん：そうですね。そんな感じがしますね。
Lさん：手になった瞬間に自分にとって大事な人，関係，そういうものが出てきて，すごく変わるなと思いました。
Bさん：やっぱり，関係的なものが出できやすいのかもしれませんね。
三宅：孫悟空とお釈迦様の手の中みたいなことを連想しました。
　【会場から笑い】
Bさん：孫悟空がどんなに遠くへ行ったと思っても，そこはお釈迦様の手の中なんですね。
ローリー：なるほど，やっぱり日本では，手はお釈迦様の手とも重なって，聖なるものなのですね。

6 アートセラピーについて

療

池見：僕はアートとフォーカシングについて今朝少し話しましたので，この時間はローリーさんに，アートセラピー（芸術療法）について話してもらいたいと思います。そもそもアートセラピーの成り立ちはどんなものなのですか。

ローリー：アートセラピーはウェルビーイング（well-being）を向上するために，ビジュアルアーツ（視覚芸術）と心理療法を組み合わせたものなのです。1940年代にアメリカ合衆国で始まりました。もちろんそのルーツは，文化の歴史を遡ると，ずっと昔からあったものです。アート・イメージは，コミュニケーションにも，癒やしにも，変容にも使われていました。洞窟の壁画や曼荼羅などでそれを見ていくことができますが……。

池見：「ウェルビーイング」は皆さん，大丈夫ですよね。いい日本語がありませんが，「良く存在していること」？　えっと，ところで，アートセラピストはどこで働いているのですか。

ローリー：本当に広い範囲があって，子ども，思春期，家族，カッ

プル，グループを対象としていて，精神医学，ディケア，学校，老人施設，病院の外来，刑務所……要は，人々がそれを必要としているところなら，どこにでもいると言ってもいいでしょう。

池見：さっき，ビジュアルアーツと心理療法を組み合わせたとおっしゃっていましたが，心理療法理論の他の影響はないのですか。

ローリー：ええ，もちろんあります。アートセラピーのルーツの一つは，精神科に入院している患者さんたちのアートを集めた，巨大なコレクションに遡ることができます。それを集めたのはハンス・プリンズホルン（Prinzhorn, H.）というドイツの精神科医で，歴史家でもあった方で，ハイデルベルグ精神科クリニックの院長だった方です。彼は患者さんたちのアートの美しさと表現力に魅せられ，大きなコレクションにして，それは1960年代にヨーロッパ，アジア，そしてアメリカ合衆国で展示されてきました。アートは患者さんたちの内的な世界を披露していたり，患者さんたちが自らを表現する方法を与えたのです。それは，ゴーギャン，ルソー，パウル・

クレー，ビュッフェの，いわゆる「アール・ブリュイ」やダダイズム，シュルレアリスムに大きな影響を与えました。きっと，彼らも患者さんたちのアートを参考にしたのでしょう。

池見：そして，心理療法理論のほうはどうですか。

ローリー：アートセラピーは，フロイト（Freud, S.）の無意識の発見や，自由連想法，夢の取り組みから導かれたものです。それから，象徴，元型，アクティブ・イマジネーション，曼荼羅などの芸術を取り入れたユング（Jung, C. G.）にも，影響されました。ユングは自分でもアートをしていました。『赤の書』（ユング，2010）の中でそれを見ることができます。私はユングの *Mandala Symbolism*（『個性化とマンダラ』〈ユング，1991〉）という本が大好きです。

池見：アートセラピーが，フロイトやユングの影響を受けたのはよくわかりますが，アートセラピーそのものの創始者は，いったい誰なのですか。

ローリー：アメリカ合衆国での最初のアートセラピストは，二人いました。マーガレット・ナウンバーグ（Naumburg, M.）と，イーディス・クレイマー（Kramer, E.）です。この人たちが，アートセラピーのグランド・マザー（祖母）と呼ばれています。マーガレット・ナウンバーグは，特に自由連想といった精神分析の原理をアートに応用しました。そして，イーディス・クレイマーは，特に昇華（sublimation）のためのアートの利用を強調しました。マーガレッ

ト・ナウンバーグは，自然に起こってくる（spontaneous）描画を強調しました。患者たちは作品のなかに表れたもの，これらは無意識の投影と理解されたのですが，これらについて自由連想していきました。イーディス・クレーマーは，アートセラピーで昇華を大切にしていました。患者は世間では認められない衝動を，アートを通して表現していました。たとえば，患者は怒りを発散するために，粘土を叩きつけたりすることができます。

池見：なるほど。そして現在はどうですか。現在のアートセラピーの主な概念や考え方を，紹介していただけますか。

ローリー：いくつもあるので，整理してみましょう。まずは，アートを製作する過程，つまりプロセスそれ自体が癒やしになるという考え方があります。アートを創造すること自体が，有益な結果をもたらすのですね。

池見：アート・プロセス（Art Process）ですね。

ローリー：そうです。それと，アート作品（Art Product）もまた，癒やしになります。アートを製作した後から，セラピストは，アートからクライエントがさらに意味を探求していくことをお手伝いすることができます。どんな心理療法のオリエンテーションでアートセラピーを行っているかによって，これにはさまざまは方法があります。

池見：そうですね。まず，ここで重要なのは，「アート・プロセス

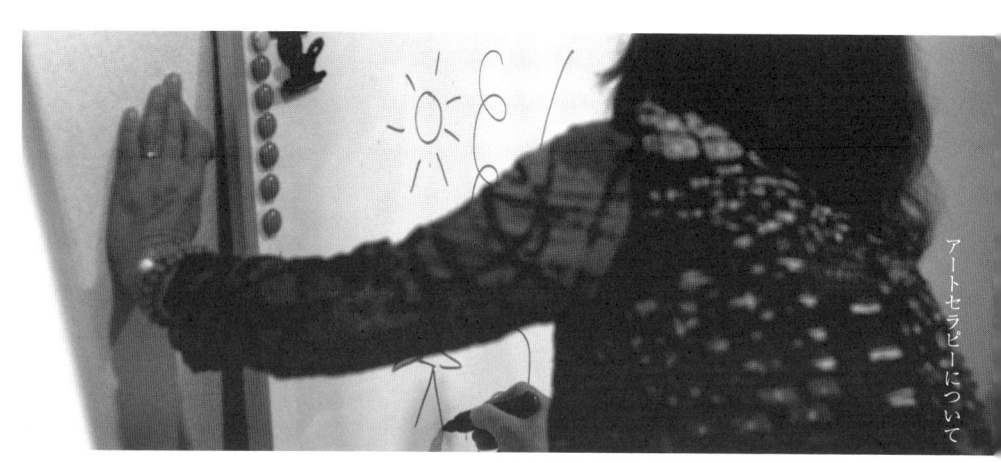

とアート作品（Art Process and Art Product）」という二つの軸ですね。アートを製作する過程も治療的だし，出来上がったアート作品から意味を探求していくことも治療的だ。しかし，実は後者もプロセスではないですか。つまり，意味を探求していく過程（プロセス）というのもあるから。そういう意味で考えると，二つの過程は，アートを製作する過程（making the art）と，アートをプロセス（処理）する過程（processing the art）ですよね。そして，ローリーさんはさっき，「心理療法のオリエンテーションによって，さまざまな方法がある」とおっしゃいましたが，ローリーさん自身はどのような方法を用いるのですか。

ローリー：そうですね。私は四つの方法を用います。それらは，リスニング（傾聴），ゲシュタルト・セラピーの方法，フォーカシングの問いかけ，それからダイアログ（対話）ですね。

池見：なるほど，なるほど。まずはリスニングですね。つまり，アート製作者の話を丁寧に聴くことですね。そして重要なキーワードやうすうす感じている意味を伝え返していき，本人に確認してもらう。そこから新しい意味が形になっていきます。はい，私もこれが最も大切なことだと思います。フォーカシング指向心理療法でもそうですよね（ここでは「リスニング〈傾聴〉」と表現されているが，より正確には，リフレクション〈reflection〉あるいはReflective Listeningという用語がある。本書では，リフレクションを「リスニング」と表現しておくことにする）。次は……。

ローリー：ゲシュタルト。ゲシュタルト・セラピーのエンプティ・チェアを用いて，要は作品や作品の気になる一部になってみることです。ゲシュタルトを最初にアートセラピーに導入したのは，ジェイニー・ライン（Rhyne, J.）という人です。ゲシュタルト・アートセラピーを始めた人です。ゲシュタルト・アートセラピーでは，アート作品やそこにある要素になってみます。たとえば，「私は黄色い光です」とか，「私はストップ！と言っている手です」。

【ローリーはここで立ち上がって「私は黄色い光！」「私はストップ！と叫んでいる手！」を演じる】

【会場から笑い】

ここから次にどんなことが浮かんでくるか，それを追っていくの

ですね。ところで，どんな心理療法もアートセラピーにできます。認知行動療法も。認知をアートで描くこともできるでしょう。そして，その思考（認知）がどのように感じることや行動に影響しているか，みることもできます。

池見：ええっと，ちょっと戻って，アートをプロセスする方法としてローリーさんが使っている四つとは，リスニング，ゲシュタルト，そこまで来ましたね。その次は，フォーカシングの「問いかけ」でしたね。これは，皆さんご存じのように，「フォーカシング簡便法（Focusing Short Form）」という一般向けの教示法に登場する，いくつかの「問いかけ（asking）」なんですね（ジェンドリン，1982；

池見，1995）。フェルトセンスに向かって問いかけてみます。たとえば，私の胸のなかにモヤモヤした感じがあったとしたら，「このモヤモヤはいったい何だろう」とか，「このモヤモヤは私に何を伝えているのだろう」とか，「このモヤモヤには何が必要なのだろう」といった問いです。実は，あまり日本語としてうまく表現できていない問いかけもあって，私は今の三つを使っています。アート作品全体，あるいはその一部がフェルトセンスであったと仮定して，これらの問いを使ってみるのですね。たとえば，この手の絵の中にある黄色い光ならば，「この黄色い光は私に何を伝えているのだろう」，もしも誰かとワークしているのなら，「この黄色い光はあなたに何

を伝えているのだろう」という具合にね。

Bさん：日本語で表現できていない問いとは，どんなものですか。

池見：What's the crux of it. 英語ではよく使われますが，僕はこれをうまく日本語にできていませんね。crux。ミソみたいな言葉ですよね。「このことのミソは何だ」みたいな，う〜ん，なんか，いい日本語になりませんね。

【会場で crux の訳を巡る討議。「このことの肝心なことは？」という訳はどうか，という案が出される】

池見：それから，四つ目は Dialogue（対話）ですね。ローリーさん，これについてもっと話してください。

ローリー：これは，このワークショップでも行うと思いますので，皆さん体験してくださいね。要するに，作品やその一部と対話するのです。私はジャーナリング（journaling）をよく利用します。

池見：ジャーナリング，すなわち，日記みたいに紙に書いて対話する，筆談して対話するのですね。

ローリー：それは強力な方法です。是非，明日やってみましょう。

池見：アートを製作することとアートをプロセスすること，という一つの軸について話してきましたが，アートセラピーの効用について，他にはどんなものがありますか。

ローリー：いくつかあると思います。まず，アート作品は，コンテ

イナー（容器）として機能します。悲しみや怒り，痛み，幸福，うれしい気持ちを，その作品の内にホールド（抱え）してくれるのですね。それから，無意識を意識化するのに使えます。たとえば，アートセラピーの一般的な導入として，スクリブル（落書き）から始めます。クライエントはスクリブルを見て，あるいは画用紙を逆さまにしてもう一度見て，何か，そこからイメージできるか見てみるのです。投影法のように機能します。マーガレット・ナウンバーグはそれを頻繁に使っていました。

池見：私は「無意識」という言葉が好きではありません。厳密には，フロイト精神分析の用語で無意識は，意識化することが禁じられた記憶や衝動をいうのです。ですから，無意識は意識化できないし，できたと思ったら，それは無意識ではないのです。それは防衛なのです。意識化したと思われたものは，「無意識もどき」なのですよね。本当に禁じられたものを見ないですむように，その代わりのストーリーを，人はアートに見いだしていく……厳密にはこうなるはずです。ところが，精神分析家を含めて，いろいろな人たちがこの用語を厳密な意味で使っていないので，いったい何が「本物の」無意識なのだかわからなくなってしまう。そんな概念はいっそのこと，無くしてしまったほうがいいと思って，私は「意識外」という用語を使うようにしています（池見，2010）。あ，すみません。

ローリー：オーケー。そのほかに，セルフ・アウェアネス（self-awareness：自己への気づき，自己覚知）を促します。自分が何者であるか，本当はどんな気持ちでいるのか，といった覚知を促します。たとえば，観音開きになるように紙を三つに折って，外側の扉に表向けの自分を，内側に本当に感じている自分を描きます。ある例では，外側では勇敢で自信たっぷりだった人が，内側では小さくて憂鬱な感じを描いていました。このように，アートセラピーは気持ちへの気づきにもつながります。それから，絵を描くことがカタルシスになることがあります。溜めていた怒りをアートで吐き出すことができます。気持ちを外在化することはカタルシスになります。それから，アートはインターアクション（相互作用）を生み出します。カンバセーション・ドローイングがいい例ですが，クライエントとセラピストは，アートを作る作業のなかで相互作用するのです。ア

ートを作ることは自尊心を高める作用もあります。ティーンエージの子たちとワークをしていた頃，シルクスクリーンを教えたことがあります。彼らはそれでTシャツをデザインしたり，Tシャツにプリントしたりしました。彼らは自分たちの作品に誇りを持っていました。そうやって自信をつけさせることも，大切なことなのですね。もちろん，アート作品をアセスメント（心理査定）に使うこともできます。正式なアートを用いた心理査定法があります。たとえば，House-Tree-Person（HTPテスト）や家族画などがそれですが，正規の査定法でなくても，色やトーン，イメージから非公式な査定をすることができます。

池見：非公式な査定？

ローリー：私はアートをヒントだと思っています。そして，査定法の考え方や自分自身のフェルトセンス，それにクライエントが言ったことを組み合わせて考えます。

池見：アートセラピーにはいろいろな作用があるとのことですが，何が最も強力だと思いますか。必ずしもアートセラピーでなくても，心理療法にアートを用いる利点として。

ローリー：アートをカウンセリングや心理療法に用いることの最も強力なことは，クライエントがビジュアルアートとして表現するから，私たちも同じものを見ることができると思うのです。クライエントもまた，私が彼らが表現している体験を見ていることを，体験します。アートはクライエントのフェルトセンスを具体化し，外在化します。これは，共感をより強くすると思うのです。クライエントは理解されていると感じるのですね。

アートセラピーの作用

1. **「アートを製作する過程」と「アートをプロセスする過程」**

    アートをプロセスする方法

    a. **リスニング**

      クライエントがアートを語るのを傾聴する。より正確には「リフレクション」と呼ばれており，クライエントの話の要点やキーワードを「伝え返す」，カウンセリングの基本的な応答。

    b. **ゲシュタルト**

      アート作品，あるいはその一部になって，それになりきって語ってみる。

    c. **フォーカシングの問いかけ**

      「この作品はいったい何を表しているのだろう」「この作品は私に何を伝えているのだろう」「この作品には何が必要なのだろう」など。

    d. **対話**

      作品と対話する。ジャーナリング（筆談）。

2. **安全な容器として機能する**

3. **意識外を意識として覚知する**

4. **自己への気づきを高める**

5. **気持ちに気づく**

6. **カタルシス効果**

7. **相互作用を促す**

8. **自尊心を向上させる**

9. **心理査定として作用する**

10. **共感を深める**

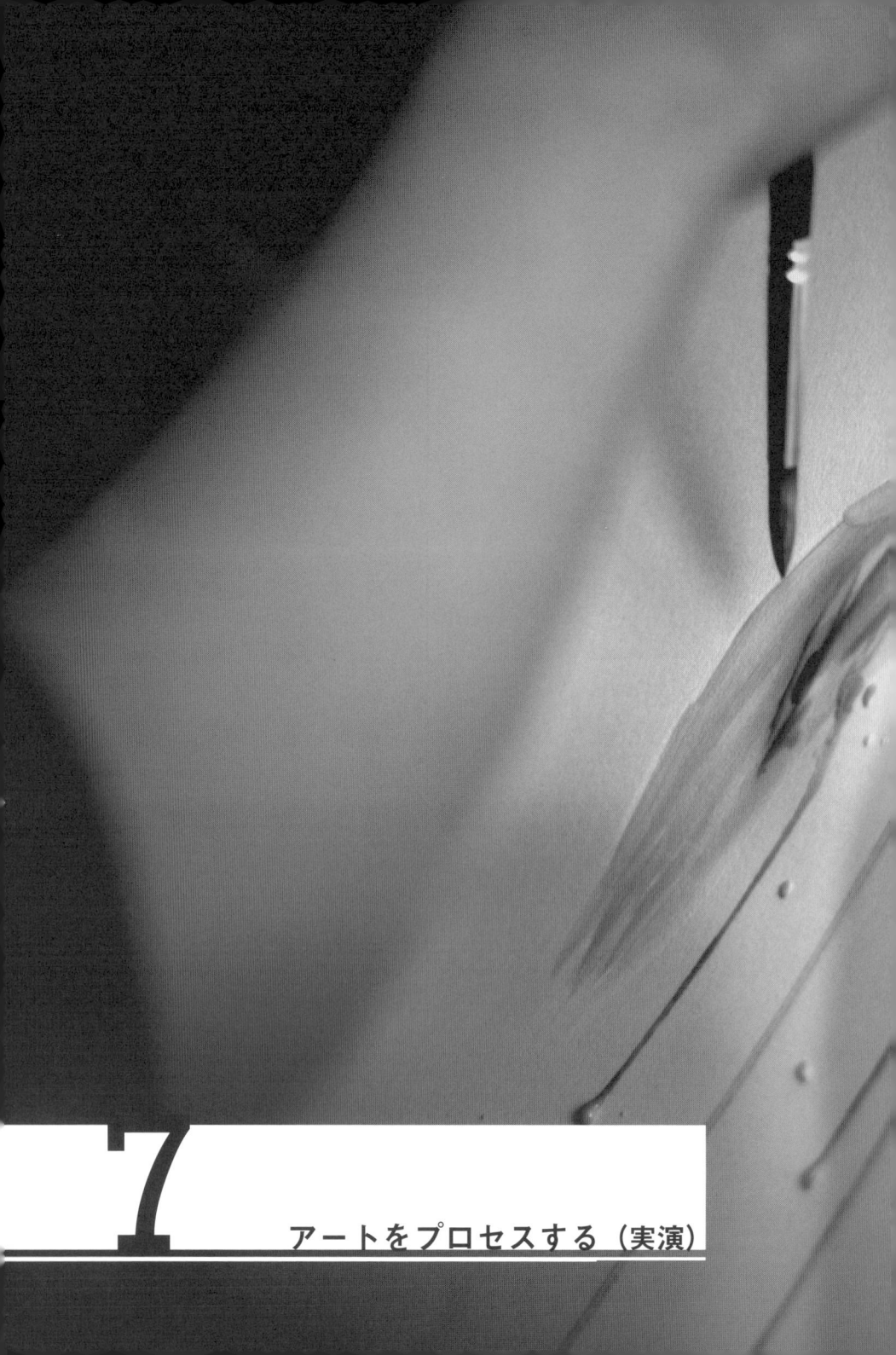

7
アートをプロセスする（実演）

色

「アートをプロセスする」ということを実演して示してみたい。また、参加者も「それを体験してみたい」ということから、ローリーが、「アートをプロセスする」をデモンストレーションすることになった。Kさんが手を挙げて、その実演体験を希望した。本章では、そのセッションの録音をできるだけ忠実に書き起こした。記録にはところどころ、発言の前に①などの数字が示されているが、これは本章後半の解説に利用する記号だ。

ローリー：前に出てきてくれてありがとうございます。皆さんにはこれからKさんと行っていくワークを観察する、というよりも、

皆さんでサポートするという感じで参加していただきたいと思います。
　（Kさんに）用意ができたら、フェルトセンスや作ったアートについて、何でもいいのでシェアしてください。
Kさん：えーと、わからないことが多いのですが、自分のなかで、まだ、何かこう、それこそ、よくわからない感じみたいなのがあって。でも、そこから何かが生まれていくな、という感じがしている絵なんです。
①ローリー：ここにわからないものがあって、そこから何かが生まれてきている感じ？

Kさん：生まれてくる感じもあるし、今あるものも、そういうものから生まれてきている感じもしている。
ローリー：何かが生まれようとしている、そして、まだわからないものから、すでにそういうものが生まれてきている？　そこからもっと、やって来そうな感じもあるの？
Kさん：そうなんです。そういう予感があるんですけど……。
①ローリー：予感がある……。
Kさん：予感はあるんですけど……最初に浮かんだのは……あの、あまり綺麗じゃないものとか、苦しいもののなかから、そういうものが生まれてきている、という感じ。たとえば、混乱とか、からだの痛みとか、このところ疲れているから、疲れのなかから、とか。
①ローリー：最初は、これはあまり良くないもの、あまり綺麗じゃないものだったけど、少し眺めていたら、何か良いものがここから生まれるような予感がしてきている。
②Kさん：そうですね。そう言ってもらうと、そうだよなという感じと、そうだったらいいなという感じと、そのへんがはっきりしていない……違うな……ちょっと待ってくださいね……（沈黙2分）。
Kさん：あの、良いものが生まれてくるな、というのは、確信に近い予感みたいなものが確かにあって、だけど現時点ではそれは苦しみのように感じられる。
①ローリー：何か良いものが来る、ということには確信があるけれども、今、苦しみが感じられている。
Kさん：そうですね……そして確信はあるけれども、どうやってそれが生まれてくるのか、その方法はわかっていない。
③ローリー：何か良いものがやって来ることは確信があるけれど、どうやったらそうなるのかがわからない……内側に注意を向けてみてもらえますか。そして、今のことを受け止めてみて。何か良いものがやって来る確信はあるけれど、どうやったらそうなるのかがわからないんだな、という具合に……そして、ちょっと待ってみましょう。それが何かを教えてくれるかもしれません……。
④Kさん：あ（沈黙30秒）あ、（笑）。思っているほど、自分が当初思っていたような、良いものとは違う良いものの感じ。
③ローリー：そうですね。その違う良いものの感じ、そのクオリティ

をこのアートのなかに表現するか，違うアートを作ってみることはできますか。
　Kさん：あ〜別のアートを作ろうと思ってたんです。あの，作り始めたときは，えっとですね，もっとカラフルで強い色のものを作りたいと思っていたんです……だけど，出来上がったものは，いかにも自分らしいというか，なんて言うのかな……。「やっぱり」みたいな感じで……。それは僕のことを好きな人は好きなイメージなんです。でも自分が作りたいものは違うものだったな……だけど作りつつあるのは，やっぱりなんか……やっぱりこんな感じ，というか。
③**ローリー**：そう，そう，そう。だけど，何かはもっと活き活きとした，もっと明るい，カラフルな絵を描きたがっている……。
　Kさん：うん，そうですね。ここのところ，そういうものを作ろうとしてきたな，と思うんですけれど，新しいものを。新しいものを作ろうとしていて，でも，今，ちょっと複雑な思いがあって，もう自分の自然の形では良いものを作ってるんだな，という感じと，力が抜ける残念な，ほっとした感じみたいなのと，複雑な感じ。
①**ローリー**：そうそう，あれも心地良い，ほっとする。
②**Kさん**：あ〜（沈黙15秒）ほっとする感じとか，馴染んでいる感じとか，無理がない感じとか……。ちょっと話がズレるんですけど，ずっとこう，この2カ月くらい背中が痛くて，でもこの世界にいると痛みがなくなるんじゃないかな，と思います。
①**ローリー**：この世界にいると，背中の痛みがなくなる。
②**Kさん**：そうそう，あの……なくなる，というか……（沈黙10秒）……どう言ったらいいんだろう……（沈黙10秒）……和らぐ。和らぐし，もう少しゆっくり色がついていくほうが，さっきのカラフルな色がゆっくりついていくほうが，からだには無理がないな，という感じ。
①**ローリー**：ゆっくりいくほうがいい感じがする。
②**Kさん**：そう（笑）。からだは良い感じですけど，でもアタマは「予定と違う！」と言っているみたい。
①**ローリー**：では，そこに二つの部分がある。からだは「ゆっくりいくといい」と言っている，そしてアタマは「そうじゃない」と言っ

ている……からだが言っている「ゆっくり」のほうだと背中の痛みも和らぐ。

　Kさん：そうです。

⑤ローリー：ちょっと思っていたんですが，一つの提案がしたくなりました。さっき描こうとしていた明るい色を，実際に探してみることはできますか。……箱の中から見せてもらってもいいし……。

　Kさん：こういう色ですね（黄色）。

⑤ローリー：そういう色，作りたかったカラフルな色で，簡単にもう一枚，作ってもらえますか。できますか。

　Kさん：はい。

③ローリー：惹かれている色を使ってね……内側を感じてみて……どんな形がいいだろうか……。

　【Kさんが水彩で描き始める。大胆に筆が動くとき，ローリーが温かい笑い声を発する。5分ほどで製作終了】

③ローリー：この色を感じてみて。

　Kさん：こういう色は馴染みがあるなって……う〜ん……なんか，どう言ったらいいのかわからないんですけど。あ，確かに自分だ，いや違う，確かに自分のなかにあるものだな，という感じですね。

①ローリー：こういう色彩の感じが自分のなかにあるのは確かなんですね。

②Kさん：（20秒沈黙）それでまた混乱しています。

③ローリー：混乱？　フェルトセンスはどうですか。

④Kさん：（20秒沈黙）フェルトセンスは……小さな笑顔がいっぱい咲いている感じ。

③ローリー：あぁ，小さな笑顔がいっぱい咲いている……それと一緒にいることが大切かもしれませんね。それに気づいていること。それについて考える必要は今はないですよ。さっき言っていたように，からだがゆっくりそれを味わえるように……。

Ｋさん：（ときどき「うん」と言いながら，約2分半沈黙）うれしいのと……。

①ローリー：うれしい。

Ｋさん：あぁ，「また会えてよかった」という感じ。

③ローリー：それは知っていた部分で，再び触れることができた感覚。新しいものでありながら，再発見した感じ……（1分沈黙）……これが何か自分に伝えているかな，と少し耳を傾けてみましょう。

Ｋさん：あぁ，（笑いながら）さっきと矛盾するんですけど，"go ahead（進みなさい）"という感じ。

ローリー：Go ahead, go ahead! Yeah!

Ｋさん：そうですね。

①ローリー：Go ahead に対して「そうですね」なんですね。

Ｋさん：はい。ありがとうございました，どうも。

ローリー：（日本語で）ありがとう。

【32分：通訳時間を含む】

デモンストレーション
についての感想

池見：一つだけ聞いてみたいことがあります。Kさんのなかではゆっくりなほうに落ち着きかけていたのに，ここで面白いのは，ローリーさんは鮮やかな色のほうを描いてみたら，と提案しましたね。ここから，Kさんのなかで新しい展開が起こったと思いますが，これについてローリーさんのコメントが聞きたいし，Kさんの感想も聞きたいと思います。

Kさん：そこでおさまりかけるのはアタマでは納得がいくけど，なんか，それだとがっかりした感じもあったんですよ。何だろうな，力が抜けた感じはあったんですが……。

ローリー：ええ。最初のほうでは，がっかりした感じがあったのはわかります。

Kさん：自分のなかでは，すごくゆっくりしたペースで，チャレンジを続けていったらいいのかな，というところでおさまりかけたんですけどね。

池見：そこから鮮やかな色を使って描く，というのはどう？ 意外な感じ？

Kさん：いや，僕が聴き手だったらそう言うだろうな，とも思いました（笑）。

ローリー：（笑）そうそう。

Kさん：意外ではなかった。だけど意外だったのは描いてからの感じ。力がある感じと前と同じ混乱もあるんですけど，前のは力が抜けた感じで，後のは力がある感じ。混乱はあるんですけど，混乱ではあるんですけど，両方ともとても感じやすいし，一緒に居やすい，居やすくなった。

池見：なるほど。ローリーさんはどうですか。

ローリー：アートといろいろな方法で関わることができたと思います。そこで，私のなかで起こっていたプロセスをシェアしてみたいと思います。最初に思っていたのは，まだわからないものと新しくやってきているものとのダイアログ（対話）をしてもいいかな，と

思いました。ゲシュタルトもいいかな，とも思いました。それでも，エネルギーのレベルで，それはあまりにも強すぎるように感じていました。私がKさんを感じとってみると，もっと繊細な気がしていましたから。ここでゲシュタルトをやるのはちょっと強引な感じがして……それが私の，そのときのフェルトセンスでした。それから，「もっとカラフルであったらいい」という願いを聞いたときには，それはとても大事なことだと感じました。そこで，何かが出てこようとしているのに，古いあり方に引っかかっているように感じました。「他の人がそれが好きだから」と言ったところもそうですよね。自分よりも他人を優先しているような感じがしました。そこで，チャンスがあったし，これはデモンストレーションなので，やってみようと思いました。それが出てこようとしているように，私には感じられていましたから。その鮮やかな色は，ある意味「暗在的」だったので，それを明在化するお手伝いをしたいと感じました。そして，それを明在化することはいい感じを伴っていたけれども，またそれは混乱をもたらしてきた，というのもわかります。だけど，フェルトセンスでは，からだでは，それはオーケーなことだったと思います。しかし，それについて考えたときに，それはまだ統合されていないのだと思いました。そこで，自分の立場も思って，この短い時間ですべてのことはできないことを受け入れて，その統合はまた後からやってくるだろうと思うようにしまし

た。セラピストの感覚ですよ。全部を一つのセッションでやりたくなるのですが、実際にはそうはいかないのですからね……。

解説：
デモンストレーションに見られる心理療法の応答

フェルトセンスとコンテンツ（事柄）

このデモンストレーションを見て、不思議に感じた人もいるかもしれない。Kさんはいったい何を取り上げているかがわからない、と思う読者も多いだろう。どんなことで悩んでいたのか、何も具体的なことが語られていない。しかし、心理療法に従事する者（そしてKさんもその一人だが）にとっては、これは大切なことだ。個々の心配事や悩み事よりも、その背景にある「感じ方」（フェルトセンス）のほうが大切だ。フォーカシングでは、このことが顕著だ。事柄のことを「コンテンツ」あるいは「内容」というが、コンテンツよりも、その背景にあるフェルトセンスのほうが優先される。

例を挙げて考えてみよう。たとえば、機嫌が悪い日のことを思い起こしてみよう。そんな日は、いろいろな事柄に腹を立てるかもしれない。どうして駅はこんなに遠いのか、また電車が遅れている、プラットホームに人があふれかえっている、おまけに雨だ！　こんなとき、これらの事柄の一つひとつを「解決する」のは不可能だ。駅が遠いならば引っ越さなければならないし、電車が遅れることや、人が多いことや、雨が降ることに腹を立てても仕方がない。通勤電車という乗り物があって、それが遅れることなく正確な時間に到着して、人が少なくて、それに雨も降らない、こんな理想的な都市を世界中から探し出して、そこに移住するしかないだろう。しかし、それは不可能だろう。

いや、しかし、そういう理想的な都市があったとして、そこに移住したとして、そこでもまた機嫌が悪い日がやってきたらどうなるだろうか。今度は、どうして電車も何でもかんでも、冷たいくらいに人間味がなく、正確に動くのか。どうして人がこんなに少ないの

か。雨が降らなくて，からだがカラカラだぜ！　という具合に，その理想都市にも不満を感じてしまうだろう。

　個々の事柄ではなく，ここで「解決」すべきは「機嫌が悪い」という感じ方，そのフェルトセンスであることは明白だ。この機嫌の悪さの暗在的な意味が明らかになってくれば，電車の遅れや，人の多さや，雨が降っていることは，取るに足らないことになっていくだろう。

　Kさんはここでは，最初からフェルトセンスを描画している。そして，それについて語っているために，具体的な事柄といったコンテンツにはまったく触れていない。しかし，フェルトセンスが変化していけば，Kさんの人生のなかの無数のコンテンツにも変化が生じるだろう。たとえば，「カラフル」で「力強く」生きるというところで，Kさんのなかでは，それは具体的にいろいろな生活場面に及ぶことであることは知っていたに違いない。しかし，それについては何も語っていないし，ローリーさんもそれを聞こうとはしていない。反対に，もしもこれらの事柄が話し合いの中心になっていれば，変化の規模は小さくなってしまうだろう。このへんは，フォーカシングを心得たプロ同士のセッションならでは，という印象を受ける。読者は事柄探しではなく，フェルトセンスの動きに注目して記録を見ていただきたい。

リスニング（傾聴）の作用

　次に，セッションにみられる具体的な心理療法の応答を紐解いていこう。前章にあるように，「アートをプロセスする」のなかでは，

リスニング（傾聴）が最初に挙げられている。セッション記録を見ると，ローリーさんはこれをとても大切にしていることがみてとれる。ローリーさんのリスニングの応答を，①で示してみた。かなり多くの応答に①の印がついているし，それがついていない応答にも，部分的にリスニングが用いられていることに気づくだろう。

リスニングの応答として重要なのは，相手が話していることに反応したり，それを説明したり，それに質問するのではなく，それをどのように理解したのかを伝え返してみることだ。

以下にいくつかの例を示してみる。これらは，前にKさんの語ったことを，ローリーがどのように理解したのかを伝え返した，リスニングの応答である。

①**ローリー**：最初は，これはあまり良くないもの，あまり綺麗じゃないものだったけど，少し眺めていたら，何か良いものがここから生まれるような予感がしてきている。

①**ローリー**：何か良いものが来る，ということには確信があるけれども，今，苦しみが感じられている。

①**ローリー**：こういう色彩の感じが自分のなかにあるのは確かなんですね。

リスニングの応答には，鏡のような作用がある。人は自分を知るために鏡を使う。自分の姿を鏡に映しだしてみて，自分に気づくのだ。鏡に映しだしてみてはじめて，髪型が似合っていないことに気づいたり，ジャケットの色のために全体的に暗い印象になっていることに気づいたりするものだ。これらと同じように，心理療法の応答のなかでは，話し手のこころの表現を伝え返すことで，それらの表現が適切なのかを話し手本人が検証することになる。筆者（池見）はこのことを「意識の反射的様式（a reflecting mode of consciousness）」(Ikemi, 2011) と名付けている。この主張は，一般的なカウンセリング理論の解釈とは異なっている。すなわち，一般的なカウンセリング論の解釈では，話し手が言ったことを伝え返すのは，話し手に無条件の肯定的関心（「受容」と訳されることが多い）や，共感的理解を示すことだ，とされているのである。しかし，筆者は，リスニン

グは実際にはそのように機能していないのではないかと考えている。たとえば次の応答を取り上げてみよう。

①**ローリー**：最初は，これはあまり良くないもの，あまり綺麗じゃないものだったけど，少し眺めていたら，何か良いものがここから生まれるような予感がしてきている。

これはセッションの冒頭に近い部分で，ローリーさんがKさんの感じ方に「共感」していたとか，それに対して「無条件かつ肯定的」であったとは，考えにくい。しかも，コンテンツが語られていないのだから，共感も，無条件な肯定もしにくいのである。すなわち，これから「生まれようとしているもの」は何であるかがわからないから，それに共感したり，それを肯定することはできない。むしろ，ローリーさんは，その場，その場で，Kさんが言葉で表現していたことを鏡のように映しだしている，と考えたほうが自然だろう。

そして，鏡を見たKさんは，何かに気づいていく。この動きを②で示した。

①**ローリー**：最初は，これはあまり良くないもの，あまり綺麗じゃないものだったけど，少し眺めていたら，何か良いものが

ここから生まれるような予感がしてきている。
②Kさん：そうですね。そう言ってもらうと，そうだよなという感じと，そうだったらいいなという感じと，そのへんがはっきりしていない……違うな……ちょっと待ってくださいね……（沈黙2分）。

　ここでは，「鏡を見て気づく」作用が顕著にみられている。①のローリーさんのリスニングを聞いたKさんは，「そう言ってもらうと，そうだよなという感じ」のように，「言ってもらう」，つまり鏡に映しだしてもらったのを観て，「そうだよな」という感じと，「そうだったらいいな」という二つの感じがあることに気づいたと述べている。しかも，その一瞬後に，プロセスはさらに動いている。「……違うな……ちょっと待ってくださいね……（沈黙2分）」がそれである。これは，鏡を見て，二つのことに気づいた，そして，さらにもっと違うものがあることに気づいた，といった動きと同じだ。鏡の例に入れてみよう。鏡を見て「髭を剃ったほうがいい，そうだよな，というのと，髭はあったほうがいいという感じと……いや，そのへんがはっきりしない……違うな……剃るか剃らないかではなくて……ちょっと待ってくださいね……」というように代入できる。例ではあるが，こんな展開が起こっていると筆者はみている。

　これは一般的なカウンセリング論とは異なり，Kさんがローリーさんに共感してもらって，受け止めてもらって，自分のままでいることが安心してできるようになった。だから「……違うな……ちょっと待ってくださいね……」という次の展開が訪れた，とは考えにくいことを強調しておきたい。冒頭に近い部分なので，ローリーさんに受け止めてもらったと感じるには時間的に無理があり，またコンテンツを語っていないので，受け止めてもらいようがないことを繰り返しておきたい。

　理論的な解釈はどうであれ，このような展開のなかで，次々と新しい考え方（概念）が浮かんできていることに注目しておこう。フェルトセンス（気持ち）を語ることは，ある出来上がったものについて話すのではなく，語ること自体，川の流れに浮かぶ船に乗るよ

うなもの。語り出すと流れに乗り，次々と新しい風景へと語りが導いてくれる。Kさんは二つの感じ方を語った後で，「……違うな……」としていて，「……違うな……」の先に何があるのかは流れに乗ってみないとわからない。「……ちょっと待ってくださいね……」と言って彼は流れに乗っていき，どこに行き着くのかを次に語ろうとしている（専門的になるが，ここで川の流れにたとえているのは「体験過程」という概念で，船に乗るとか流れに乗るとたとえているのは「言い表す〈explication〉」のことだ）。

フォーカシングの応答

フォーカシングは頻繁に，六つのステップからなる教示法であると解説されているが，実はこれは，ジェンドリン先生が著書『フォーカシング』（ジェンドリン，1982）の付録に提示した「簡便法」，つまり「ショート・フォーム（Short Form）」のことだ。それはショート・フォームという簡略化されたものなのに，それ自体がフォーカシングであるかのように思われてしまった傾向がある。

心理療法の実践のなかでは，私たちはクライエントに「応答（respond）」するのであって，「教示」するわけではない。つまり，心理療法においては，教示法（instruction）としてのフォーカシングは成り立たないことが多い。著作『フォーカシング指向心理療法（下）』（ジェンドリン，1999）の中でジェンドリン先生は，心理療法において最も優先されるのは「関係，2番目にリスニング（傾聴），フォーカシングの応答は3番目でしかない」としている。ジェンドリン先生がこの著作で示している事例の逐語記録では，関係性が重要な役割を果たしており，実際の面接場面ではリスニングの応答が多い。一つの面接にフォーカシングの応答が使われているのは数カ所にすぎない。

実際にローリーさんのデモンストレーションを拝見すると，ジェンドリン先生と同じように，フォーカシングの教示によってセッションが成り立っているのではなく，基本的な応答はリスニング（傾聴）であることは明らかだ。ところどころ，フォーカシング特有の応答が出現している。記録では，フォーカシング特有の応答には，③の記号を振っている。

フォーカシングの応答

✻ フェルトセンスに触れることを促す応答

例　　　　そのことを思っていると，どんな感じがしてくるでしょうか？　からだに注意を向けて，からだではどう感じているか，みてみましょう。

✻ フェルトセンスを表現することを促す応答

例　　　　その感じにぴったりなのは，どんな言葉でしょうか？
例　　　　その感じを絵に描いてみましょう。

✻ フェルトセンスと表現がぴったりか確かめる応答

例　　　　その言葉でぴったりでしょうか？　どんな言葉でしょうか？
例　　　　この絵がぴったりな感じですか？　描き足してもいいですよ。

✻ フェルトセンスに問いかける応答

例　　　　この感じ（作品あるいはその一部）はいったい何でしょう？
例　　　　この感じ（作品あるいはその一部）はあなたに何を伝えているのでしょうか？
例　　　　この作品（一部）には何が必要なのでしょうか？

✻ フェルトセンスと適切な距離を生み出す応答

例　　　　この感じから一歩下がりましょう。
例　　　　この感じをどこかに置いておくとしたら，どんなところが思い浮かびますか？

フォーカシング特有の応答には，どのようなものがあるのだろうか。それらはフォーカシングの応答だから，フェルトセンスと関わることにポイントが置かれている。筆者はフォーカシングの応答には，次のようなものがあると思う。それらは，フェルトセンスに触れることを促す応答，フェルトセンスを表現することを促す応答，フェルトセンスと表現がぴったりか確かめる応答，フェルトセンスに問いかける応答，フェルトセンスと適切な距離を生み出す応答。

デモンストレーションでみられたローリーさんのフォーカシングの応答を，すべて拾ってみよう。そして，それらがどのようなことを目指しているのか，解説を加えてみる。

③**ローリー**：この色を感じてみて。

これは明らかに，フェルトセンスに触れることを促している応答だ。Kさんが初心者であれば，「この色をからだで感じてみて。そうしていると，胸やお腹ではどんな感じがしてきますか」のように，からだに注意を向けながら感じることを促しただろう。

③**ローリー**：何か良いものがやって来ることは確信があるけど，どうやったらそうなるのかがわからない……内側に注意を向けてみてもらえますか。そして，今のことを受け止めてみて。何か良いものがやって来る確信はあるけれど，どうやったらそうなるのかがわからないんだな，という具合に……そして，ちょっと待ってみましょう。それが何かを教えてくれるかもしれません……。

この応答の冒頭はリスニングで，下線部がフォーカシングの応答だ。また，この応答の最後の部分は，フォーカシングの「問いかけ」の応答と呼ばれるものだ。

③**ローリー**：そうですね。その違う良いものの感じ，そのクオリティをこのアートのなかに表現するか，違うアートを作ってみることはできますか。

ここで「クオリティ」と表現されているものは，フェルトセンスだ。フェルトセンスをアートで表現するお誘いだ。

　③ローリー：そう，そう，そう。だけど，何かはもっと活き活きとした，もっと明るい，カラフルな絵を描きたがっている……。

　これはリスニングの応答のようにも聞こえるが，それは，フェルトセンスに向けられたものであり，言い換えてみると，「そこにもっとカラフルな絵を描きたがっているフェルトセンスがあるでしょう。それに触れてみて」と，フェルトセンスに触れることを促しているのである。

　③ローリー：惹かれている色を使ってね……内側を感じてみて……どんな形がいいだろうか……。

　フェルトセンスを表現することを促す応答である。

　③ローリー：混乱？　フェルトセンスはどうですか。

　「混乱」という言葉を，フェルトセンスと照合することを促している応答。言葉では「混乱」だが，からだに感じている実際の体験としてはどうなのかを問うている。

　③ローリー：あぁ，小さな笑顔がいっぱい咲いている……それと

一緒にいることが大切かもしれませんね。それに気づいていること。それについて考える必要は今はないですよ。さっき言っていたように，からだがゆっくりそれを味わえるように……。

「小さな笑顔がいっぱい咲いている」というイメージのフェルトセンスについて，あれこれ考えずにそれを味わう。すなわち，そのフェルトセンスに触れ続けることを促す応答である。

　③ローリー：それは知っていた部分で，再び触れることができた感覚。新しいものでありながら，再発見した感じ……（1分沈黙）……これが何か自分に伝えているかな，と少し耳を傾けてみましょう。

前半がリスニングで，沈黙の後がフェルトセンスに問いかける典型的な応答である。

さて，フォーカシングの応答は，話し手のなかにフォーカシングを引き起こすことを目指している。すなわち，その応答を受けて，話し手のなかではフェルトセンスから新たな表現が，意味や理解が生じてくる。デモンストレーションのなかのKさんの発言をみると，そのようなフォーカシングは頻繁に起こっていることは明らかだ。ここでは，一つの発言だけを解説してみよう。以下のKさんの発言の前に，ローリーはフォーカシングの応答（③）を行っている。それを受けてのKさんの発言だ。

　④Kさん：あ（沈黙30秒）あ，（笑）。思っているほど，自分が当初思っていたような，良いものとは違う良いものの感じ。

ここにはフォーカシングのいくつもの特徴がみられる。まず，「あ，あ」という驚きのような部分がそれだ。フェルトセンスから立ち現れてくる理解は，本人が予想していなかったものであることが多いが，ここにある「あ」は，それを物語っているといえるだろう。

このあとKさんは笑っている。笑いはフォーカシングのセッション中に，フォーカサーに頻繁に見られる特徴の一つだ。それは，意外なことが浮かんできて驚くとともに，それが正しく感じられ，軽い解放感を伴う感覚だ。「あ～そうだったのか～」と思えておかしくなるような感覚のことだ。ここでは，それほど大きな解放感があるわけではないが，それでも笑いとともに，体験の新しい側面が表れている。

　ところで，日本語訳で心理療法論を読んでいると，こころ，あるいは本書でいうならば「体験」を見つめることは恐ろしいことのように描かれ，そのような言葉が用いられている。たとえば，こころを見つめることは「直面する」という用語で表現されていたり，精神分析のworking throughの訳語である「徹底操作」だったりする。自分を「直面化」したり，無意識的な意味を理解するための「徹底操作」を受ける，と思っただけで恐ろしくなってきてしまう。しかし，実際にはKさんの発言のように，体験の新しい側面がみえてくるときには，どこか懐かしいようで新鮮でもあり，笑いが伴い，それは「ほっとする」気持ちの良い体験なのだ。

　発言に戻ると，Kさんは「自分が当初思っていたような……とは違う……」と話している。これも，フォーカシングの特徴が表れた表現だ。体験から明らかになってきた新しいものが，自分の当初の思いを変えさせるのだ。こうやって，「思い」は変化していく。だが，普通なら，これは自己矛盾のように理解される。「Xだ」と発言しておきながら，それを撤回して

「Yだった」とするのは、矛盾していてよろしくないことのように思われがちだ。また、「Xだ」と発言しておきながら、「よく感じてみたらYだった」と発言するのは、軽率だと思われるかもしれない。「ちゃんとよく感じて、XかYか特定してから話してください」と、叱られそうな気がする場合もあるだろう。しかし、フォーカシングの実際をみていると、一度は正しいと思われたものが覆され、さらに別のものが正しく思えてくる過程が存在することは明らかだ。

しかも、一度は正しいと思われたものと、次に正しいと思われたものの差は、微妙であることが多い。Kさんの発言では、それは「当初思っていたような、良いものとは違う良いものの感じ」だ。どちらも「良いもの」には違いはない、それなら「同じ」でいいではないか、と思うこともできるだろう。だが、大きな差ではないからといって、この違いを見過ごすことはできない。実際のKさんの体験のなかでは、意外で笑いが出てしまうほど違っているのだから、それは同じではないのだ。

Kさんの一つの発言、しかも文字にするとわずか37文字の短い発言について、2ページにわたって解説してしまった。実際には数秒の発言なのだが、応答をしているセラピストは、一瞬一瞬の発言のうちに動く体験の過程を感じとって、そこに含意されている暗在に向けて応答している。

アートセラピーの応答

ローリーさんはアートセラピストだから、アートセラピスト特有の応答が、デモンストレーションにみられる。それは⑤で示した応答だ。

> ③**ローリー**：そうですね。その違う良いものの感じ、そのクオリティをこのアートのなかに表現するか、違うアートを作ってみることはできますか。

これは③（フォーカシングの応答）でもあるが、「アートを作ってみる」ことをお誘いしている、アートセラピスト独特の応答だ。

⑤**ローリー**：ちょっと思っていたんですが，一つの提案がしたくなりました。さっき描こうとしていた明るい色を，実際に探してみることはできますか。……箱の中から見せてもらってもいいし……。

⑤**ローリー**：そういう色，作りたかったカラフルな色で，簡単にもう一枚，作ってもらえますか。できますか。

　これらの応答は，アート画材が準備されていなければ用いることができない応答だ。アートを心理療法に使うことを前提したもので，アートセラピスト，あるいはアートを用いる心理療法家に特有の応答といえるだろう。

デモンストレーションにみられた応答の特徴

　こうやって，デモンストレーションにみられたローリーさんの応答の特徴を解説してみると，総じていくつかのことに気がつく。一つは，デモンストレーションについての感想にも述べられていたように，このセッションでは意図的に，ゲシュタルト・セラピーの応答とダイアログ（対話）は用いていない，ということだ。前章ではこれらの応答もアートをプロセスするのに有益であるとしていた

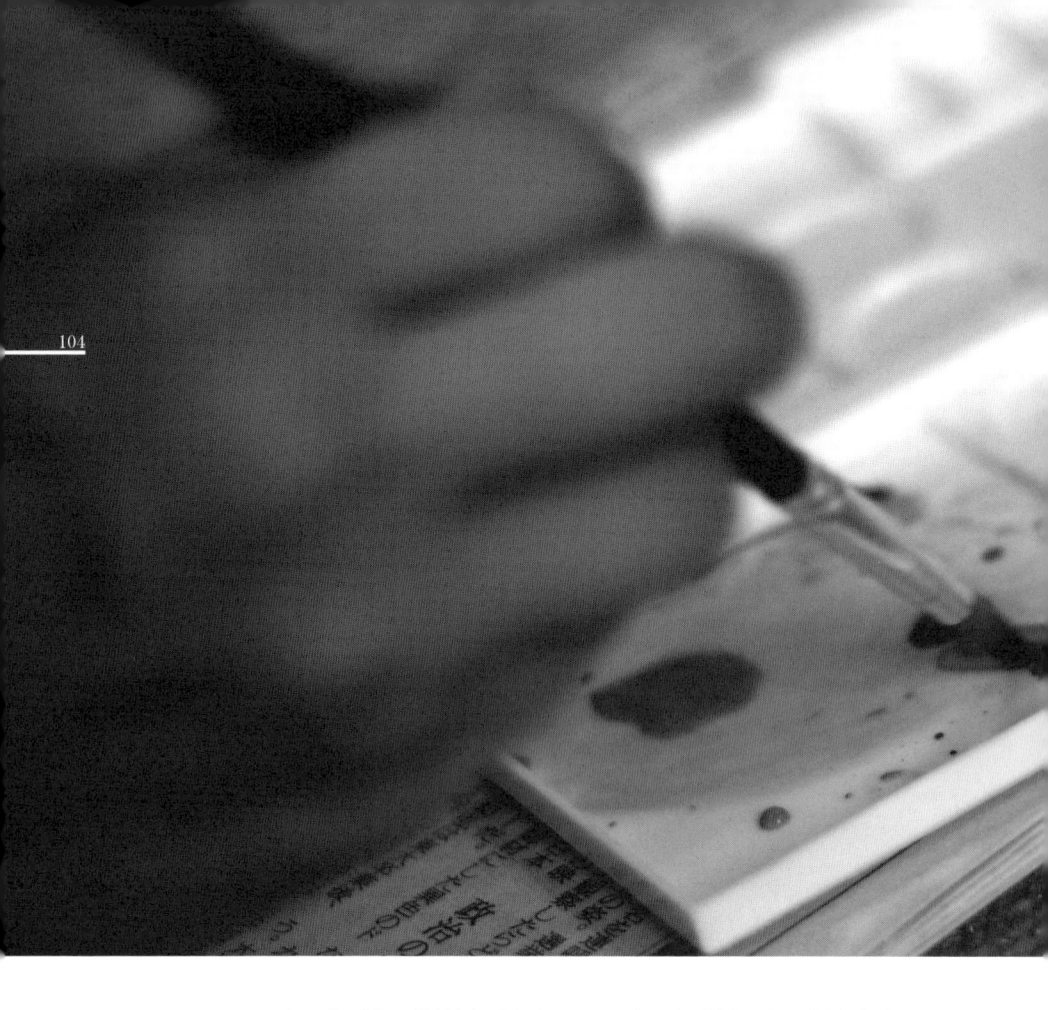

が，相手との関係を感じとって，まったく用いない場合もある。このデモンストレーションがその例になっている。

　しかし，ゲシュタルト・セラピーの応答やダイアログを用いなかったために，純粋にフォーカシングとアートを用いたデモンストレーションを拝見することができた。ジェンドリン先生が記していたように，優先されるのは「関係，次にリスニング，フォーカシングは3番目でしかない」ということの素晴らしい例になったといえよう。

　すなわち，関係を優先したために，ゲシュタルト・セラピーの応答とダイアログは採用されなかった。次のリスニングだが，このセッションの最初と最後のローリーさんの発言を除くと，ローリーさんの応答は22個あり，そのうち11個（50％）がリスニングになっ

ていた。リスニングは他の応答よりも高頻度で用いられていて、た
しかにこれが「2番目」になっていた。そして、「3番目」とされる
フォーカシングの応答だが、実際の数のうえでもこれが次で、22
個の応答のうちの7個（31％）だった。最後に、アートセラピーの
応答が3個（13.6％）だった。このほか、未分類の応答が1個ある。
このような内訳をみると、このデモンストレーションがいかにフォ
ーカシング指向であったかがよくわかる。フォーカシング指向心理
療法を特徴づけるリスニングとフォーカシングの応答が、全体の
81％を占めていた。

　心理療法でのセラピストの応答はアドリブで、セラピストが好き
勝手なことを言っているように思われているかもしれないが、ここ
でみたように、訓練を受けた熟練セラピストの応答22個のうち21

個は，何らかの「型」がある応答だ。基本の型がいくつかあって，場面場面でそれらの型に内容を入れて使用しているのだ。基本がしっかりしていることがよくわかる。

　実は音楽のアドリブもそうだ。あるコード進行のときには頻繁に使われるフレーズがあって，それらを少し変えたり，他のフレーズと組み合わせたりして，アドリブが作られていく。まったく自由に演奏しているようで，実は基本の「型」が身についていて，それが身についているからこそ即興で演奏できる。

　セラピストの応答もそのようなものだ。まったくの素人がカウンセリングをしていると，基本の型が使われないので，プロが見ればすぐに素人だと見破ることができる。今回の実演は，プロが見てもしっかり基本の型ができたプロの技であることが，はっきりわかるものだった。

アートをプロセスする（実演）

色1

8
体験過程流コラージュワーク

貼

——ワークショップ2日目の朝

池見：皆さん，おはようございます。今日もよろしくお願いします。

ローリー：皆さん，2日目もお会いできてうれしいです。

体験過程流コラージュワーク（ECW）について

池見：今朝はコラージュを作ろうと思います。コラージュは，写真や文字を雑誌などから切り取って，画用紙などに貼り付けて作るアートです。ヨーロッパでは，家族の写真などを貼り付けた作品をフレームに入れて飾る，というように，家庭で簡単にできるアートですね。欧米でもアートセラピーのなかでコラージュを製作することはあるようですが，日本では「コラージュ療法」という心理療法が登場しました。だけど，今日やってみるのは「コラージュ療法」ではなく，私たちが開発している「体験過程流コラージュワーク」（Experiential Collage Work: ECW）というものです。体験過程の流れを汲んだコラージュワークという意味で，「コラージュ療法」とはまったく背景が異なるものです。

ECWについては，私たちが『心理臨床学研究』(Ikemi et al., 2007) という日本心理臨床学会の学会誌で発表して，それ以来は第二著者だった矢野キヱさんが，「日本人間性心理学会」の学会誌（矢野，2011）に論文を発表しました。そのほかに，矢野さんや三宅さんの学会発表などもありましたが，論文になっているのは今のところこれくらいです。あ，英文ではローリーさんと私と三宅さんと共著で，アートセラピーの本の一章を分担執筆しています (Rappaport et al., 2012)。でも，日本語の文献は矢野さんの論文一編だけなので，まだよく知られていないのかもしれません。

ECWを特徴づけているのは，それが二つの部分から構成されていることです。パート1では，コラージュを作製します。パート2では，できたコラージュについて，製作者本人がその意味を探求し

ていきます。これは，今回のワークショップでも強調しているように，アートを製作する過程（making the art）と，アートをプロセスする過程（processing the art）の，両方の過程を行うものです。アート（この場合はコラージュですが）を作製するだけでも，意味があります。意味が何にもわからなくても，それでもコラージュを製作してほっとしたり，何か自分のなかの感じ方が変わっていたりするものです。そして，さらに意味を探求して，プロセスしていくことができると，豊かに意味が開けていくのですね。

「コラージュ療法」のほうでは，コラージュを製作する過程のみが強調されています。できた作品について話し合うこともあるようですが，作品を製作者自身がプロセスしていった過程についての報告例は，私たちが調べた範囲では見当たりませんでした。コラージュが専門家によって解釈されていたり，コラージュに貼られているものについての統計的な研究はなされているようですが……。

だけど，フォーカシングを知っている人ならば，自分が作ったコラージュ作品は，豊かなフェルトセンスを呼び起こしてくれることを体験します。自分の作品を見ていると，独特の自分らしい臭いがする，というのでしょうか，自分の雰囲気そのものですよね。それを見ていると，感じるものが立ち現れます。それは暗在的で何だかよくわかりませんが，含意された意味の宝庫なんです。だから，それを専門家が解釈するよりも，まずは自分自身でその意味を探求し

ていきたくなるものです。本当に，本人にしかわからない意味がプロセスされていくので，驚かされることが多いです。私たちはフォーカシング，もっと広くそれを位置づけると，クライエント中心療法のオリエンテーションですから，クライエント本人が意味を探求していく過程をとても大切にしています。

コラージュを製作しましょう
——ECW：パート1

池見：それでは，実際にコラージュの製作しましょう。1時間ほどで製作してみましょう。普段はもう少し時間をかけて1時間半ほどで行うのですが……時間短縮のために，あらかじめ写真や文字を切り抜く方法もあると思います。だけど，私は写真を自分自身で切り抜いたり，手でちぎってみたりするのも意味があるかなと思います

ので，その方法は行いません。

　四つ切りの画用紙をここに並べてあります。いろいろな色の画用紙を集めてきました。今日の気分に合う色の画用紙を選んでください。もちろん，途中で画用紙の色を変更してもいいですよ。「コラージュ療法」では白い画用紙しか使わないと聞いたことがありますが，私たちはフェルトセンスを大切にしていますから，いろいろな色の画用紙のなかから，今日のフェルトセンスに合う色の画用紙を選びます。

　写真がいっぱい載っている雑誌を数冊，お持ちいただいていると思います。私たちのほうでも段ボール箱1個分ほど用意してきています。お持ちになった雑誌はまず所有権を放棄していただき，皆さんの雑誌を，このコーナーに集めて雑誌コーナーを作りましょう。たくさんの雑誌が集まりましたね。

　自分で持ってきたスティックのりやハサミを，用意しておいてください。

【BGM で瞑想音楽を流す】

　まず画用紙を選んでください。それから，雑誌コーナーから何冊か雑誌を自分の席まで持って帰ってください。雑誌をパラパラとめくりながら，気の向くままに絵や写真や文字を切り取ってください。ゆっくり雑誌をめくりながら，なぜだかわからないけれど気に留まるものを，切り抜いていきます。

　ここで大事なこと，気をつけていただきたいことを，一つだけ言っておきます。ストーリーを作らないようにしてくださいね。ストーリーを作ってしまうと，それはプレゼンテーションみたいになってしまいます。自分が行ったことがあるホテルばかりを選んで画用

紙に貼ったら，それはプレゼンテーションになってしまいます。「自分が泊まったホテル」以外には，新しい意味は見つからなくなります。テーマを決めないでください。夢と同じようなものですね。夢の中にどうして九官鳥が出てきたのかがわからなくても，それは出てきます。九官鳥を飼ったことがなくても……それでも，九官鳥が出てきた不思議を楽しむことができます。それと同じで，意識的にテーマを決めて操作しないでください。気の向くままに，何の脈絡も気にせずに，写真や文字を選んで切り抜いてください。

　次に，切り抜いた写真などを好きなようにレイアウトして，台紙（画用紙）に貼っていきます。貼るときも，気の向くままにやって

ください。貼っている途中で写真を足したくなったり，貼る予定だった写真が合わなくなったりすることがあります。そのときは，フェルトセンスに従ってください。「ここにはお花が欲しい」というフェルトセンスがあれば，お花の写真を探して貼ってください。「この建物は左下がぴったり」というフェルトセンスがあれば，そのようにレイアウトしてください。「あ，これでできた！」というのもフェルトセンスです。「完成した」というフェルトセンスがあるでしょう。

　それではどうぞ，製作を始めてください。

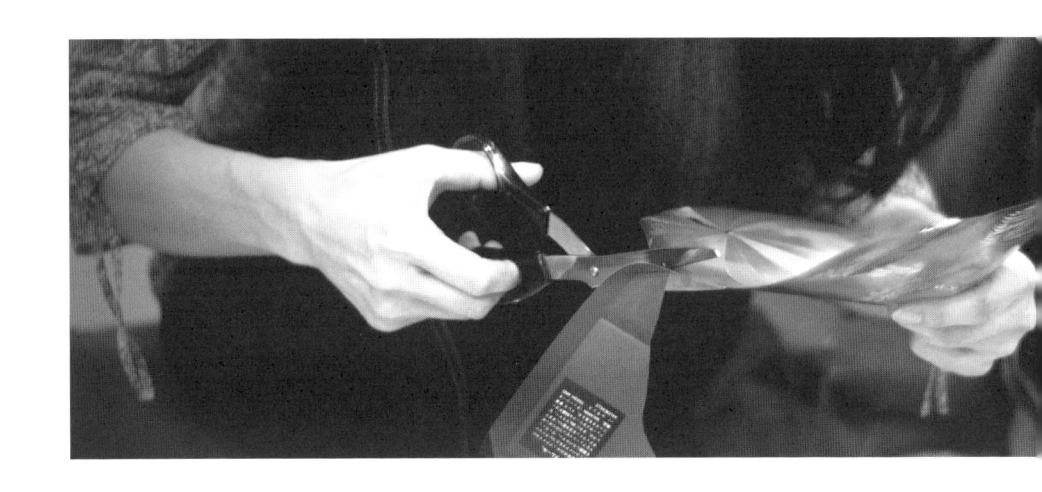

コラージュについて振り返ってみましょう
──ECW：パート2

池見：あっという間に1時間がたちましたね。その間，誰も話もしないで，独特の注意集中がありますよね。で，終わったらちょっとほっとしたような感じがして，一種の変性意識状態ですよね。瞑想のようなものですね。

　これから皆さんでコラージュを見ていきましょう。ギャラリーみ

たいにして。それから，ペアになってパート2に進みます。

　時間を30分ずつ取ることにしましょう。最初はどちらかの方が作品について振り返ってみます。もう一人の方は聴き手をします。それから交代して，逆の役割でやりましょう。

　ここで大切なことは，作品を感じることですね。

　それから，昨日も話題になっていましたが，相手が作品について連想したこと，感じたことを語るのを，リスニング（傾聴）することですね。それから，フォーカシングの問いかけも役に立ちます。あと，どんな応答が役に立ちそうですか。ダイアログ（対話）は後ですることにします。

参加者：何が伝わってきますか。

池見：いいですね。「このコラージュ全体から何が伝わってきますか」でもいいし，「この部分から何が伝わってきますか」。

参加者：「なってみる」はどうですか。

池見：はいはい。ゲシュタルト・セラピーの応答ですね。でも，ゲシュタルト・セラピーのエンプティ・チェアでなくても，ジェンドリンの「夢とフォーカシング」に，「夢の登場人物になってみる」という方法があります。僕も恥ずかしがり屋なので，「あっちの椅子（エンプティ・チェア）に座って，完全になってみろ」と言われると，下手な演技になっていないかと心配して，それだけで緊張するので，そこまでしなくても想像だけでそれになってみて，何を感じるのか，というのもいいですね。

　あと一つ，あまりフェルトセンスにこだわらないほうがいいですね。最近のジェンドリン先生の夢のワークを観ていて，そう思いました。後から，ジェンドリン先生に質問したら，「せっかく夢という豊かなイメージがあるのだから，できるだけそれを使いたい」と言っていましたね。たとえば，このコラージュの中にバッグがありますが，「このバッグを見ていてどんな感じがしますか」とフェルトセンスを感じようとするよりも，「このバッグを持ってどこに行くんだろう」と聞いてみたほうが，やりやすいと思います。

　ええ，何も新しいことがわからなくても，それでもいいですね。楽しんでやってみましょう。

　まずは皆さんの作品ギャラリーを観ましょう。それから，ペアに

済んでますか？

体験過程流コラージュワーク

貼。

なってパート2を始めてください。

【1時間後】
池見：それでは，コラージュをシェアしてみましょう。「裏にも貼ったんだよ〜」とか，「何か発見がありましたよ〜」とか，何でも結構です。
Gさん：私のは，まさに裏があるんですけれども。ここに（裏），こういうものをペロペロと貼っているんですけど，最初はこの海に惹かれて取ってたんですね。で，貼ろうと思ったら，大きいから切ろうと思って裏を見たら，時計だったんです。でも，この時計も使

えるなと思って，時計を切ったんですよ。でも時計の中がね，切るときはジャイアンツのマークに見えたんです。うん，それとか，ディズニーみたいにも見えたんですね。だから可愛いと思って貼ったんです。で，貼った後で，よく見て，上から見たら，ドクロだったんです（笑）。でも，そのときには，ジャイアンツのマークにしか見えなかったんです。で，ドクロが見えてから，ある意味では納得したんです……。

体験過程のコラージュワーク

貼。

解説：
体験過程流
コラージュワークの実際

　ワークショップ当日，コラージュについて，ペアで豊かなシェアリングがなされた。参加者は自分の作品から，いろいろな発見をしていた。しかし，本書では，個々の参加者のコラージュワークを取り上げることはしない。読者は，本書にある池見の教示から，体験

過程流コラージュワークの実際のやり方を知っていただきたい。本書にあるような方法でペアでやってみて，自分で体験してみると，体験過程流コラージュワークの不思議やその魅力を，直接感じることができるだろう。また，一人で行うときはパート２の実施が難しいので，第10章で解説する「ジャーナリング」をパート２として用いることをお薦めする。

9

源を表現する

源

ローリー：お昼はいかがでしたか。コラージュはとても豊かでしたね。イメージはフェルトセンスに一致したとき，強力になりますよね。午後も，フォーカシングとアートに取り組んでいきましょう。特に，アートをプロセスすることについては，今回まだご披露していない方法も試みてみたいと思います。もう少ししたら，筆記することを使ったアートのプロセスを，お示ししたいと思います。

　コラージュの印象が強いから，コラージュを使って次の部分を進めたいのならば，それでもいいですよ。あるいは，新しい作品を作ってプロセスと取り組んでいってもかまいません。そこでこれから，そうですね，30分ほどの「スタジオ・タイム」にしましょうか。クリエイト（創造）する時間にしましょう。

　そこで，何を製作したいかを感じとってみましょう。今朝作ったコラージュに手を入れてもいいし，新しいものでもいいのですが。アキラさんと話していたのですが，「インスピレーションの源（source of inspiration）」というのはどうですか。うん，ちょっと複雑かな。アキラさんのほうから説明してくれる？

池見：ローリーさんの著作（ラパポート，2009）の中では，「強さの源（source of strength）」ですよね。

ローリー：本の中ではそうですね。「思いやりの師」というのを「源」として，作品を作ることもあるんです。でも昨日，「手」のワークをして，アメリカとは違った奥行きがあったので，日本でワークショップをするときにどんな言葉がいいのか，真剣に考えないといけない，と思っていたんです。それで，さっきから，「～の源」のところで，少し足踏みしていて……。

池見：昨日の「手」のワークは，事前の打ち合わせでは軽い感じで進めるつもりだったんだけど，やってみると，とても豊かで深いものだったので，文化をよく考えてテーマを決めないといけないねと，さっき話していたんです。

ローリー：そうですね。アキラさんのほうから説明して，リードしてくれると助かるけど。

池見：Source of inspiration（インスピレーションの源）とか，source of strength（力の源）って，日本語ではうまく伝わらないんじゃないかな。ちょっと無理があるんじゃないかな，と話し合っていたんで

す。ローリーさんの英語の著作では"Source of strength（力の源）"なんだけど，日本語ではどういう表現がいいのだろう，とさっきからずっと考えていて……ちょっと禅のようになるかもしれないけど，「源」だけのほうがいいんじゃないかな。それは，生命の源でもいいし，人生の源でもいいし，力の源でもいいし……何の源なのかを規定しないほうが，広くていいんじゃないかな。そこで，この「スタジオ・タイム」に，「源なるもの」を製作してみましょう。

　ええ，私の場合は，今朝作ったコラージュがまさにそんな感じ，「源」のような感じなので……そういう方もおられるだろうと思います。そういう場合は，コラージュに少し手を入れてもいいでしょ

う。それか，まったく新たに「源」を製作してみましょう。

Cさん：新しいコラージュを作るということですか。

池見：いいえ，何でもいいんです。粘土もあるし，描画もいいし，コラージュでもいいし，とにかく「源」というテーマでの新しい作品を作ってみましょう。

三宅：ローリーさんの本では「強さの源」になっていて，そんなふうに限定している良さがあると思うんですよ。源だけだとちょっと

広すぎる気がして……。
ローリー：グループの皆さんはどうですか。
池見：うん，まあ「源」というふうなテーマにして，それを広く理解する人がいてもいいし，何々の源と限定しておきたい人がいてもいいと思いますが，皆さんはどうですか。
Gさん：どちらでもいいと思う。私の場合は，「源」だけなら，たとえばこのコラージュ全体で，何々の源なら，ここに貼ってある一

つひとつのピースみたいで……。

三宅：限定しているほうが，フェルトセンスが感じやすいと思うんですよ。

Bさん：ここにいる人はワークショップなどに慣れているから，「源」と言われてもそれを作れると思うけど，初めての人なら「ハア〜？」ってなると思うんですよ。だから，いくつかの例を挙げて「強さの源」でもいいし，「インスピレーションの源でもいいし」，「源」だけでもいい，というふうにしておいたらいいんじゃないかと思います。

ローリー：私もそう思います。それぞれの人が「源」を自由に解釈して，テーマにすればいいと思います。じゃあ，私がガイドしてみましょうか。

池見：是非ともお願いします。

ローリー：オーケー。

【BGM 音楽を再生し始める】

座り心地の良いところに座って，楽にしてください。

　　　　　……沈黙約 15 秒……

それから何回か深呼吸をして，息をからだの奥まで届けましょう。

　　　　　……沈黙約 15 秒……

座布団や床や，その下の地面に支えられている感じに注意を向け

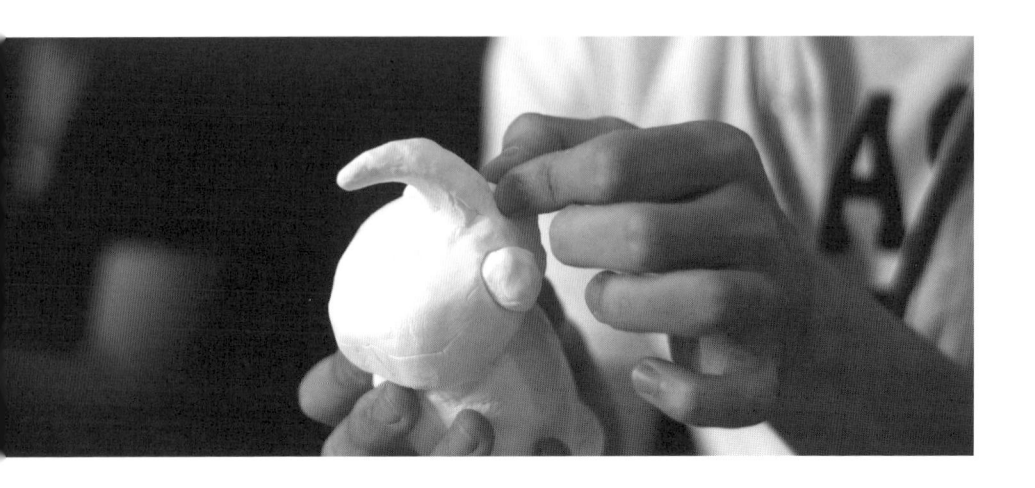

ましょう。

　　　　　……沈黙約 15 秒……

　呼吸をしながら，からだの中でどんなふうかなと気がついていってください。

　　　　　……沈黙約 15 秒……

　中で感じていることには，それが何であれ，優しくみていましょう。そして，こんなふうに自分に問いかけてみましょう。「私にとってのインスピレーションの源は何だろう」。それは「強さの源」かもしれません，「思いやりの源」なのかもしれません，「光の源」，あるいは「源」そのものかもしれません。

　　　　　……沈黙約 15 秒……

　源が浮かんでいたら，それに気づいておきましょう。

　　　　　……沈黙約 15 秒……

　それから，自分の人生のなかで，それに触れていたときのことを思い出してみましょう。さあ，からだの中ではどんな感じがしていますか，からだのどの部分で感じていますか。

　　　　　……沈黙約 15 秒……

　それに触れるのにもう少し時間がかかりそうな方がおられましたら，手を挙げてください。

　　　　　……沈黙約 20 秒……

　からだのどこで源を感じているか気づいておきましょう。そし

源を表現する

源9

て，そこにあるエネルギーも。

　　　　　　　……沈黙約 10 秒……

　源のフェルトセンスにマッチする色や，形や，イメージや，言葉や，動作があるかどうかみてください。その色や形やイメージが，からだの感じにぴったりかどうか確認してみましょう。

　　　　　　　……沈黙約 20 秒……

　時間は自分のペースで結構ですが，準備ができたらこの部屋に意

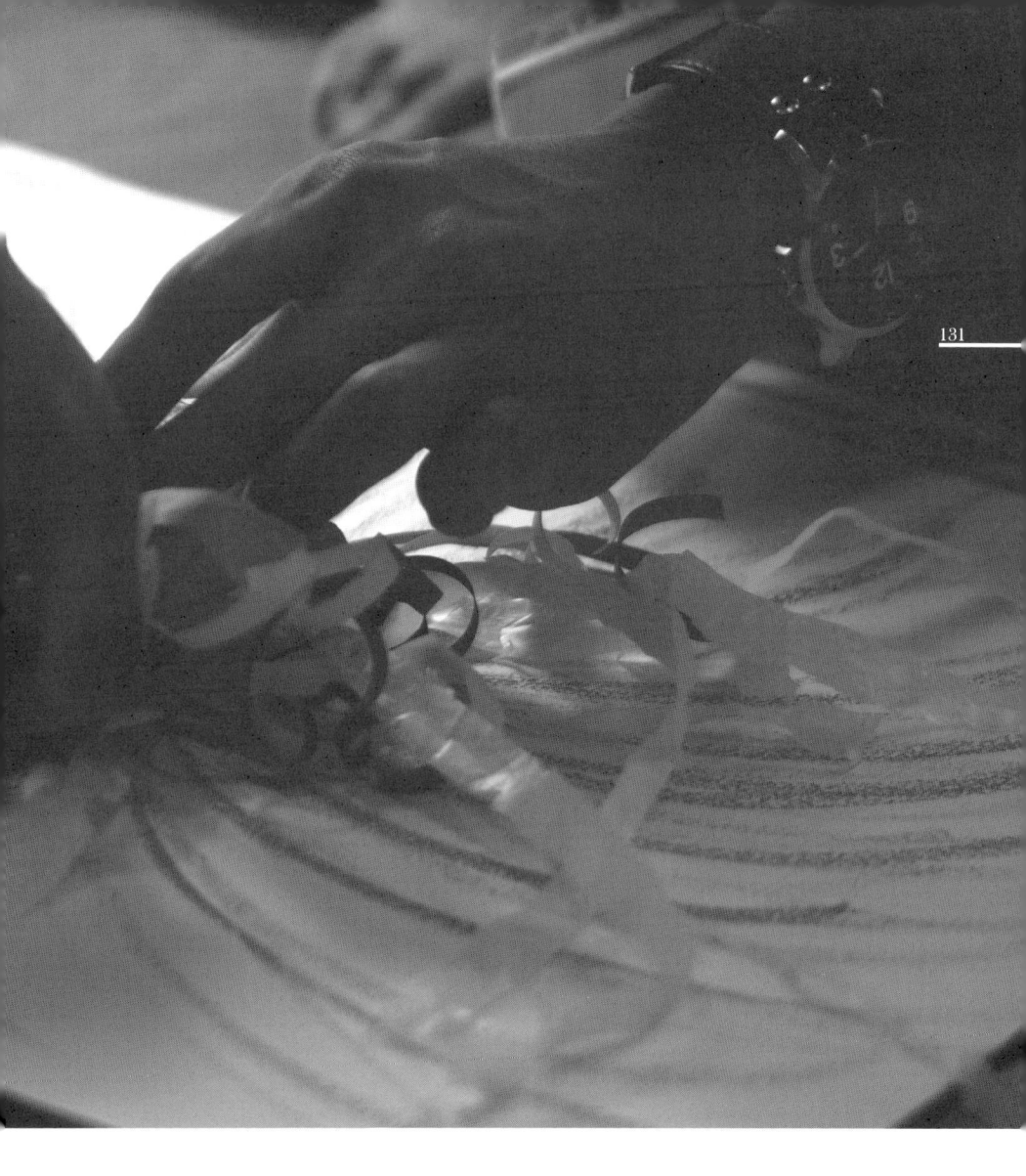

識を戻して，少しストレッチしたりしてください。
　では，机や床を汚さないように新聞紙をしいて，源を製作しましょう。新しい製作でもいいし，コラージュに手を加えてもいいですよ。

　　　——次章に続く

10
ジャーナリング

誌

ローリー：それでは，アートをプロセスするための，ある方法を紹介しましょう。それをやってみると，自分のなかの大いなる知恵に気がつくことでしょう。昨日は「アート作品が作者に語りかけてくる」ということも話題になっていたと思います。アート作品がメッセージを伝えてくるのですね。私たちがフェルトセンスが伝えている知恵に耳を傾けるように，私たちはアートの声を聞くことができるし，それが語り出すのを促すことができます。ショーン・マクニフ（McNiff, S.）という，アメリカでは有名なアートセラピストがいるのですが，その方は，「アートは魂のメッセンジャーだ」と言っています。

　これから，「書く」ということを利用して，私たちはアートがメッセージを語り出すのを促そうと思います。二つのやり方があるので，そのどちらを使ってもいいですよ。ぴったりに感じるほうをやってもいいし，両方やってもいいです。

池見：昨日はアートをプロセスするために，傾聴をすること，フォーカシングの応答を使ってみること，ゲシュタルト・セラピーの手法を使ってみること，そしてダイアログ（対話）というのがあったと思いますが，今から紹介するのは，最後のダイアログです。「書く」ことによってダイアログ（対話）するんですね。で，やり方は，二つあるのですね？

ローリー：ええ，一つのやり方は，アート作品と時間をゆっくり取ります。そして，アート作品の声を聴きます。そうするためには，質問があったほうがやりやすいですね。私がよく使うのは，「あなたは誰ですか」という問いです。そして，アートが語るときは，一

人称で「私は〜」というように語ります。書いていくときに，質問から始めます。そして耳を傾けて，何か聞こえてきたと思ったら，それを書いていきます。あまり考えようとせずに，ひたすら書いていきます。「自動書記（automatic writing）」という言い方もありますよね。それについて考えたり，心配したり，評価・判断せずに書いていきます。例を示しましょう。これが私の作品ですが，まず，この作品に問いかけてみます。

　★あなたは誰ですか？
　　「私は光の源です」と言ってくるんですね。
　　「私は愛です」
　　「私はあなたのこころの中に住んでいます」
　　「私はいつもあなたと一緒にいます」

　この作品はこういうことを伝えていたんですが，次に私は，ここにある円に注目しました。こうやって，一つの作品のいろいろな部分の声を聴くことができます。

　★あなたは誰ですか？
　　「私は円です」
　　「私は全体です」
　　「私はデザインが大好きです」
　　「私はアーティスティック（芸術的）です」（笑）

　ここで注意しないと，私は評価をしてしまうかもしれませんが，とにかくその声を受け止めます。
　他の質問をしてみることもできます。何でもいいので聞いてみてください。私はこんなことを聞いてみました。

　＊私に伝えたいメッセージは何ですか？
　　「私は光です」
　　「私を信じて」
　　「私はいつもあなたと一緒にいて，あなたをガイドしているの

よ」

これは一つの例ですが，こうやって「より以上のもの（the more）」をアートから聴き取るのです。いいですね。

次はアキラさん，例を出してくれない？　彼はコラージュを使っているし，「俺のは複雑なんだぜ！」ってさっき言ってたから（笑）。
池見：ええ，私のはコラージュを取り上げてみたから，そのなかの何かになりきってしまうのは，難しい感じがしたんですよ。まあ，とにかく，私のは，このコラージュを今朝，製作したんですね。さっきの「源」のワークのときは，新しい作品を作らずに，このコラージュに「風」を追加したんですよ。そこで追加した風のところとやってみたいと思います。

＊あなたは誰ですか？
　「私は風の神です」
＊私をどこに連れてってくれるのですか？
　「安心できる昔の日本へ」
＊そこには旅していけるのですか？
　「古い本に地図がある」
　「スーツケースを持って行け」
＊そこには鍵がかかっているけど

「鍵は君自身が持っている」

　こういうことなんですね。今はしゃべりながらやりましたが，これを筆記していくのですね。まあ，こういうように，思い浮かぶままに作品と対話しながら筆記していきます。

　さっき，ローリーさんが二つのやり方と言っていたのは，一つは作品になりきってみるのと，もう一つは作品に問いかけるのと，その二つのやり方ですね。皆さんの作品には，どっちがいいのでしょうか。

Bさん：どっちも「あなたは誰ですか？」の質問から始まったし，あまり二つの違いがわからなかった。

池見：私のはいろいろなパーツがあったので，どれかになりきることができなかった……だけど，まあ，あまり違いはないんでしょうけどね。とにかく，アートに「あなたは誰ですか？」という問いかけから始めて，その後は筆談するように続けていってください。「私に何を伝えているのですか？」というフォーカシングの問いかけも，使ってみてください。

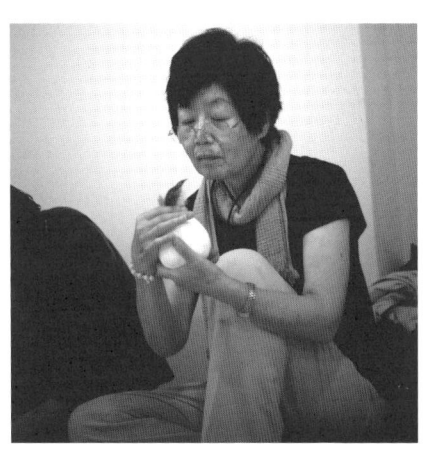

138

ローリー：筆記用の紙を受け取ってください。サイズはどれでもいいと思います。10分くらいでやってみましょう。

解説：
ジャーナリング

　書くことによって自己理解を深めていくことは，一般的に「ジャーナリング（journaling）」と呼ばれている。もともと「ジャーナル」は，日誌や日記，日刊新聞の意味があるが，ここではジャーナルを記すことを進行形の動詞として ing を付けて言い表している。

　心理療法にジャーナリングを用いることは頻繁ではないが，稀でもない。誰が最初に用いたのかは定かではないが，Intensive Journal Program を考案したユング派のイラ・プロゴフ（Ira Progoff: 1921-1998）は，ジャーナルの活用で著明である。

　本書では，フォーカシングとアートにジャーナリングを用いて，作品とダイアログ（対話）している。前章で製作した「源」というテーマの作品を，ジャーナリングを用いてプロセスしているのである。筆者（池見）は，「源」とジャーナリングの組み合わせを，何度かワークショップで用いた。日本国内でも中国でも行ってみたが，参加者自身が予想していたよりも「深い」内容が表現され，おおむね好評である。

池見：ジャーナリングができたら，ペアになって，一度，声に出して読んでみてください。

池見：それでは，ご自分の作品について，全体にシェアしたい方はどうぞ。

Cさん：
　＊**あなたは誰ですか？**
　「私は，あなたの『力の源』です。私はいつもあなたの傍らにいます」
　「何重にも重なって，あなたを守ります。ほら，ご覧なさい。

優しく見守っているでしょ」
*傍らに行ってもいいですか？
　「私はあなたの傍らにも行けるし，私の傍らに来てもいいですよ。柔らかい感じで立っているでしょ」
　「いつもあなたを見守っています」
*あなたの周りの人は誰ですか？
　「多くの人が重なり，いつでもあなたを見守っています」
　「あなたがしっかり立っていないとき，ほら，私はしっかり立っているでしょ。あなたを見守るために」
　「あなたの『力の源』ですから」

Bさん：
　* Tell me who you are.（あなたが誰だか教えて）
　"I am the source of your guardian angel"（私はあなたを守る天使の源）
*何をしてくれるの？
　「いつでも私を見たら元気になれるはず。いろんな色があることに気づいている？」
*なんでいろんな色なの？
　「いろんな可能性と元気があるから」

＊どこが一番好き？
「全部」
＊何をしてくれるの？
「楽しくさせてあげる」
＊どこにいるの？
「どこにいるんだろう……あなたの中にいつもいるはず。でも最近出てきたの」
＊もっと早く出てきてくれたらよかったのに。
「あなたの中のスペースがちょっと足りなかった。私には広いスペースがいるの」

＊どうやったらいつもあなたを感じられるかな？
「深呼吸してみるといいよ」
＊Do you have a message for me?（私へのメッセージはありますか？）
"Be free, be yourself. We are always welcoming you."（自由に，自分自身でいて。いつも歓迎しているから）

Bさん：時間があったので，一番目についたブルーのドットにも問いかけてみました。

＊Tell me who you are.（あなたが誰だか教えて）
　"Blue dots"（ブルーのドット）
＊何しているの？
　「足跡を残している」
＊どうして他の色もいるの？
　「みんなと一緒だと楽しいから」
＊Do you have a message for me?（私へのメッセージはありますか？）
　"You are not alone"（あなたは独りじゃない）

Mさん：
＊あなたは，誰ですか？
　「私は，水の精です」
＊あなたはどこから来ましたか？
　「私は，山から来ました。山から街に流れて，あなたのところに来ました。山の頂上の氷が溶けて，川となり，水になりました」
＊あなたは，何をしに来たのですか？
　「私は，水を届けに来ました。私の水は涸れることはありません。うまく，欲しい人に届けられるといいと思います」
　「私は，愛です。流れる水は，愛です。愛は枯れることはありません。私はいつも必要なだけ，あなたに水を与えます。私は，すべての命に……水を，愛を注ぎます。だから私のところに来て，大きく手を広げて，私の水がしっかり受け止められるように。あなただけでなく，私を必要としている人を連れて来てください。教えてください。ここに水があることを。枯れない水がいつでも注がれることを」
＊伝えたいメッセージはありますか？
　「どこにいても，私はあなたといます。いつでも水を，愛を注ぐことができます。必要な分だけ，たっぷりと」

Pさん：
＊あなたは，だーれ？

「私は，あなたの中にあるものです」
* あなたは，どこにいるの？
「あなたのからだの奥の深いところにいます」
* あなたのいるところは，どんな感じ？
「柔らかく，温かく，慈悲深いものが満ちています」
* あなたは，なーに？
「あらゆるものになることのできる種です」
* あなたは，そこで何をしているの？
「私が必要なときに声がかかるのを，待っているのです」
* あなたは，私に何か言いたい？
「いつでもあなたの中にいるから，必要なときには声をかけてね！」

Rさん：
* あなたは誰？
「あなたを包む水です」
「自由を与える水です」
「穏やかな水です」
「幸せの水です」
「輝きです」
「光です」

「希望です」
「神秘です」
「うねりです」
「休息の空間です」
「愛です」

「あなたは誰？」の他にも問いかけを何度か行ってみたが，それらの問いかけに対しては，何の応答もなかった。そこで，最後に，

＊Do you have any message for me?（私へのメッセージはありますか？）

「もっと自由に安心して旅をせよ」

Rさんの手記より：フォーカシングとアートのワークショップが終わってからも，ずっと，この作品のことが気になりながら過ごしていた。海，水……何だろう……と思いながら過ごしていた。ワーク

ショップのときには紙に書き留めることはしなかったけれど，ある
フレーズが頭の中にずっと残っていた。それは，「水に流す」とい
う文。この文は，自分にとってはとても嫌な感じのするものだっ
た。過去のことを「水に流す」というイメージが自分にはとても強
く，自分の苦しい体験を「水に流す」，他人に傷つけられたことを
「水に流す」ことを強いられているような感じがあり，すべてを無
かったことにはできない，そんなことは嫌だと強く感じてしまい，
拒否感と悲しさが込み上がってくる。この作品は，「水に流す」と
いうメッセージを伝えているのだろうかとも考えていた。けれど
も，私のフェルトセンスは，そのメッセージを受け入れていないこ
とも，どこかで感じていた。

　ワークショップ終了の約1カ月後に，突然，フェルトシフトがや
ってきた。それは，過去に他人に言われたことや，されたことで，
自分が怒りを感じたり傷ついたことを話しているときに，「許すこ
とも必要やで」と，ある人が言ったひとことがきっかけだった。あ

の作品は「水に流す」ではなく,「許す」ということだったのだと,わかった。「許す」ということ,自分自身を許す,相手を許すということが,自分にとって,とても必要なことであると気づかされた。その「許す」ことに,水が必要だと感じている。自分にこびりついたものを緩めてくれるものが,私にとっては水である。この水は,もっとたくさんのメッセージを持っているように感じられるが,現時点ではここまでの作業で,一旦停止中である。おそらく,今後,この作品と再び向かい合うことが必要になってくる予感はしている。もどかしい感じはするけれど,時が来るのを待とうと思っている。

Qさん：
 ＊あなたは誰ぁれ？
　「私は命のタワーよ」
 ＊タワー？
　「そうよ。あなたが生きている大本の命の根源よ。いつもあなたと一緒にいて,何をするときも,必要なエネルギーは私が送り続けているのよ。どぉお？　知ってた？」
 ＊う〜ん,うすうすはね。
　「だからさあ〜,あなたがやりたいと望むことは,何でも思いっきりチャレンジしてごらん。過不足なく,エネルギーを送り続けるから……心配しなくていいから,安心して……」
 ＊う〜ん　何でも？
　「そう！　難儀なこと,困ることほど,私は大歓迎なんだから」
 ＊う〜ん,ちょっとそう言われると,ビビっちゃうなー。でもさぁ,絶対の根源のエネルギーにしては傾いたり,揺れてるじゃない？
　「そう！！　止まったら終わりよ！　命の終わりよ！　永遠の命なんだから！」

147

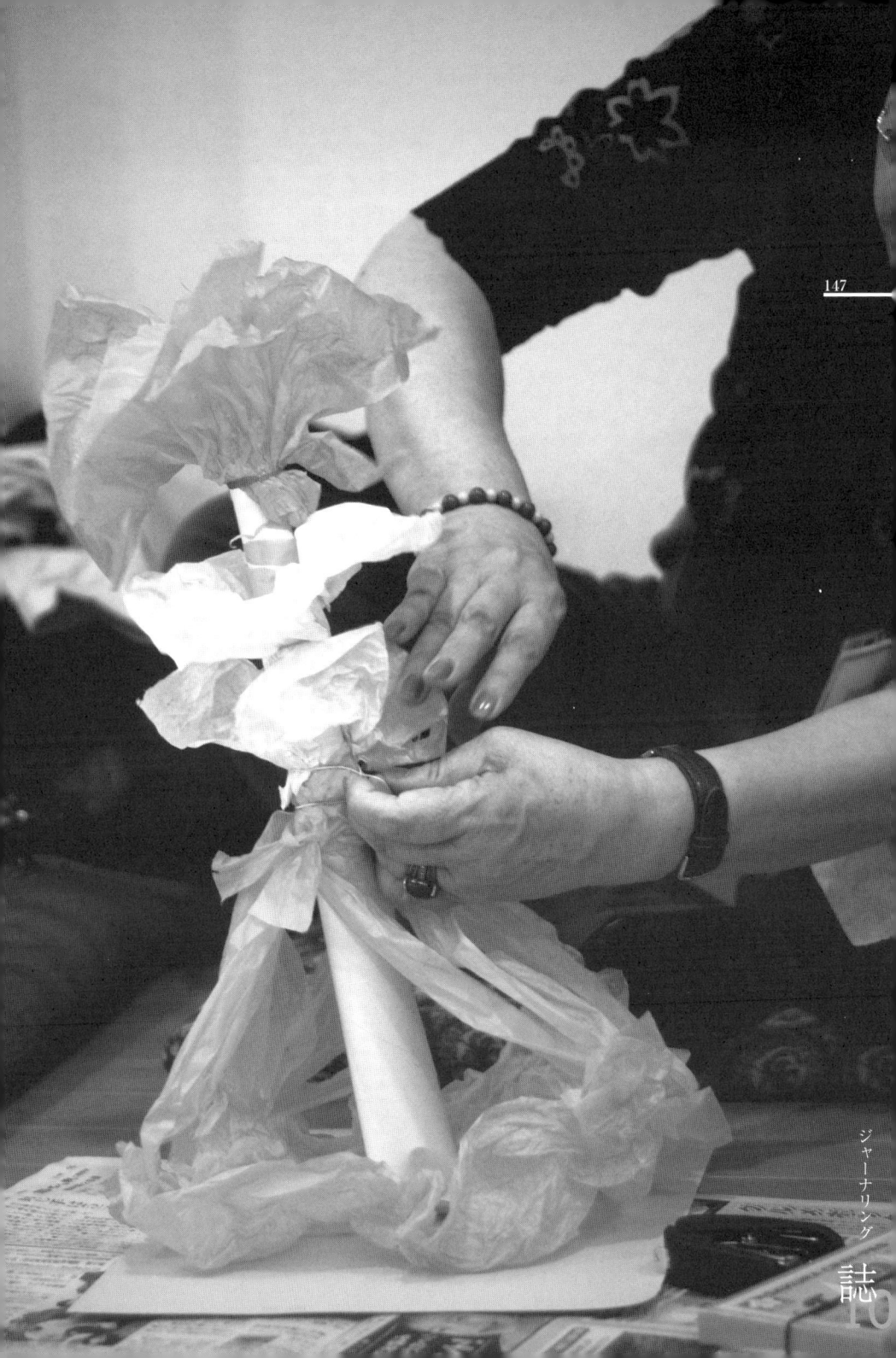

ジャーナリング

誌

Reference

参考文献

ジェンドリン，E.／村山正治・都留春夫・村瀬孝雄訳（1982）．フォーカシング　福村出版

ジェンドリン，E.／村瀬孝雄・池見　陽・日笠摩子監訳（1998）．フォーカシング指向心理療法（上）　金剛出版

ジェンドリン，E.／村瀬孝雄・池見　陽・日笠摩子監訳（1999）．フォーカシング指向心理療法（下）　金剛出版

池見　陽（1995）．心のメッセージを聴く──実感が語る心理学　講談社

池見　陽（2010）．僕のフォーカシング＝カウンセリング──ひとときの生を言い表す　創元社

Ikemi, A.（2011）. Empowering the implicitly functioning relationship. *Person-Centered and Experiential Psychotherapies*, **10**(1), 28-42.

Ikemi, A., Yano, K., Miyake, M., & Matsuoka, S.（2007）. Experiential collagework: Exploring meaning in collage from a focusing-oriented perspective. *Journal of Japanese Clinical Psychology*, **25**(4), 464-475.

ユング，C.G.／林　道義訳（1991）．個性化とマンダラ　みすず書房

ユング，C.G.／河合俊雄監訳（2010）．赤の書　創元社

村上春樹（1987）．ノルウェイの森（上）　講談社

ラパポート，L.／池見　陽・三宅麻希監訳（2009）．フォーカシング指向アートセラピー──からだの知恵と創造性が出会うとき　誠信書房

Rappaport, L.（2009）. *Focusing-oriented art therapy*. London: Jessica Kingsley Publishers.

Rappaport, L., Ikemi, A., & Miyake, M.（2012）. Focusing-oriented art therapy and experiential collage work: History and developments in Japan. In D. Kalmanowitz, J. Potash & S. Chang (Eds.), *Art therapy in Asia: To the bone or wrapped in silk*. London: Jessica Kingsley Publishers. pp. 158-172.

上西裕之（2011）．日常生活におけるフォーカシング的態度の数量的研究　関西大学文学研究科　博士論文

矢野キヱ（2011）．体験過程流コラージュワークと意味の創造　人間性心理学研究　**28**(1)，63-76.

Epilogue

エピローグ

本書に取り組むにあたって，ワークショップを著作に公開することを，あらかじめ承諾して参加してくださった参加者の皆さんに，心から感謝いたします。ワークショップ・マネージャーを務めてくれた梅井さん，西澤さんに感謝いたします。皆さんの力がブレンドして，この著作という一つの「共同作品」となったことを，うれしく思います。

　暑い大阪の夏は過ぎ去りました。時は毎年，速度を速めて，人生を通り過ぎていくように感じられます。仕事や原稿に追われるような暮らしになってしまっています。けれど，どこかで時間を見つけたときに，何気なくアート製作で遊んでみたいものです。そんなに準備もいらないと思います。今すぐにでも，手をトレースして，手の形ができたら……その手に何を乗せましょうか。その手に何が描きたくなるでしょうか。そんなひとときを楽しんでみたいものです。本書を参考にして，ちょっとしたアートセラピーのエクササイズを楽しんでいただければ幸いです。

　出来上がった作品を観て，触って，感じてみましょう。作品から何が伝わってくるでしょうか。その「アート表現のこころ」は，あなたに何を伝えているでしょうか。そのようにして，「こころ」を大切にしながら，列車の窓の外に見える景色が移り変わっていくのを眺めるように，人生の旅を続けていきたいと思います。

　春になって私はネパールを旅しました。そこでチベットのタンカ（曼荼羅）を，2点ほど譲り受けることになりました。どちらの曼荼羅も，とても力があります。それは，日によって異なったフェルトセンスを与えてくれます。そして，思考の範囲を超えるような体験に，私を連れていってくれています。

　春から夏に向かう途中，ローリー・ラパポート博士は，再び来日されます。今年も大阪と東京でワークショップを行う予定です。時が循環しているような感じがします。しかし，その循環のなかに，いつも何か新しい息吹が発生するように思えます。

　さて，今年は何が起こるのだろうか。

　　　2012年5月　甲山の麓の街にて

　　　　　　　　　　　　　　　　　　　　　池見　陽

Index

索 引

ア 行

アート・プロセス（Art Process）……75
アート作品……75
アートセラピー……20, 72
　――の応答……102
　――の作用……81
アートセラピスト……20
アートを製作する（making the art）……5
　――過程……76, 111
アートをプロセスする（processing the art）
　……5, 84
　――過程……76, 111
アール・ブリュト……74
アセスメント（心理査定）……80
暗在的……24, 31
言い表す……96
意識の反射的様式……93
インターアクション（相互作用）……79
ウィニコット（Winnicott, D. W.）……50
ウォーミングアップエクササイズ……35
HTP テスト……80
エンプティ・チェア……76

カ 行

画材……42
家族画……80
カタルシス……79
カンバセーション・ドローイング（Conversation Drawing）……46
共感……80
グループセラピー……52
クレイマー（Kramer, E.）……74
芸術療法……20
ゲシュタルト・アートセラピー……76
ゲシュタルト・セラピー……76
コンテイナー……78
コンテンツ（事柄）……91

サ 行

ジェンドリン（Gendlin, E.）……5, 13, 22
ジグザグ……31
ジャーナリング……139
心理療法理論……73
セルフ・アウェアネス（self-awareness）
　……79

相互スクイグル法……50

タ 行

ダイアログ……76, 134
体験過程……96
体験過程流コラージュワーク（Experiential Collage Work：ECW）……7, 23, 110
問いかけ……77

ナ 行

内容……91
ナウンバーグ（Naumburg, M.）……74, 79

ハ 行

ビジュアルアーツ……72, 80
フェルトシフト（felt shift）……145
フェルトセンス（felt sense）……6, 23, 27, 28, 29, 91
　――をアートにする……38
フォーカシング（focusing）……6, 21, 22, 27, 96
　――の応答……96, 97, 105
　――の問いかけ……77
フォーカシング簡便法（Focusing Short Form）
　……77
フォーカシング指向アートセラピー（Focusing-Oriented Art Therapy）……6, 22
フォーカシング指向心理療法（Focusing-Oriented Therapy）……6, 105
プリンズホルン（Prinzhorn, H.）……73
フロイト（Freud, S.）……74

マ 行

マクニフ（McNiff, S.）……134
無意識……79
村上春樹……24, 27
村川治彦……13
明在的……24, 31

ヤ 行

ユング（Jung, C. G.）……74

ラ 行

ライン（Rhyne, J.）……76
リスニング（傾聴）……76, 92, 104, 105
リフレクション……76

Profile　　　　　　　　　　　　　　　　　プロフィール

著者：
池見 陽　医学博士
IKEMI, Akira

関西大学大学院心理学研究科・臨床心理専門職大学院教授。臨床心理士。(米) フォーカシング研究所理事，WAPCEPC (世界パースン・センタード及び体験過程的心理療法とカウンセリング学会) 理事。著書に『心のメッセージを聴く：実感が語る心理学』(講談社現代新書)，『僕のフォーカシング＝カウンセリング：ひとときの生を言い表す』(創元社) など多数。

著者：
ローリー・ラパポート　博士（心理学・スピリチュアリティー）
Laury RAPPAPORT

Lesley College, Notre Dame de Namur University 准教授を経て Five Branches University 教授。アートセラピスト (ATR-BC) および認定表現アートセラピスト (REAT)。(米) フォーカシング研究所資格認定コーディネーター。Focusing & Expressive Arts Institute 創立者。著書に *Focusing-Oriented Art Therapy* など多数。

著者：
三宅麻希　博士（文学）
MIYAKE, Maki

四天王寺大学人文社会学部専任講師。(米) フォーカシング研究所認定トレーナー，臨床心理士。共訳書に『フォーカシング指向アートセラピー』(誠信書房) などがある。

写真：
池見壮平　IKEMI, Sohei

ワークショップ・マネージャー：
梅井 茜　UMEI, Akane

早稲田大学第二文学部卒，関西大学大学院心理学研究科臨床心理専門職大学院修士課程修了。

ワークショップ・マネージャー：
西澤晴香　NISHIZAWA, Haruka

関西大学文学部，関西大学大学院心理学研究科臨床心理専門職大学院修士課程修了。関西大学心理相談室ピアカウンセラー。

アート表現のこころ──フォーカシング指向アートセラピー体験ｅｔｃ．
2012年10月15日　第1刷発行

著　者　池見　陽
　　　　ローリー・ラパポート
　　　　三宅麻希
発行者　柴田敏樹
印刷者　田中雅博

発行所　株式会社　誠信書房
〒112-0012　東京都文京区大塚 3-20-6
電話　03（3946）5666
http://www.seishinshobo.co.jp/

編集＆本文デザイン　南口雄一
創栄図書印刷　　協栄製本
検印省略
©Akira Ikemi, Laury Rappaport, Maki Miyake, 2012

落丁・乱丁本はお取り替えいたします
無断での本書の一部または全部の複写・複製を禁じます
Printed in Japan
ISBN978-4-414-40075-5 C3011

フォーカシング指向アートセラピー
からだの知恵と創造性が出会うとき

R. ラパポート著　池見 陽・三宅麻希監訳

フォーカシングをアートセラピーに統合する理論と技法を紹介。アートの持つイメージの視覚化や創造性と，フォーカシングの持つマインドフルネスや気づきが，相補的に影響しあい，より深い癒しを引き出すことに成功している。本書では，双方の初学者にも理解しやすいよう，図版と事例（個人・グループ）を豊富に示しながら，実践の枠組みを解説する。

主要目次
第Ⅰ部　フォーカシングとアートセラピー
- ◆フォーカシング：歴史と概念
- ◆アートセラピーの歴史，概念と実践

第Ⅱ部　フォーカシング指向アートセラピー
- ◆フォーカシングとアートセラピーをつなぐ

第Ⅲ部　臨床的アプローチ
- ◆アートを用いたクリアリング・スペース
- ◆精神科デイケアにおけるストレス軽減
- ◆トラウマに取り組む
- ◆スピリチュアリティと心理療法

第Ⅳ部　フォーカシング指向アートセラピーのエクササイズ
- ◆エクササイズの教示

A5判上製　定価（本体3800円+税）

芸術と心理療法
創造と実演から表現アートセラピーへ

S. マクニフ著　小野京子訳

多様なアート表現を統合的に用いる「表現アートセラピー」という療法の真髄を伝える革新的な内容の書。視覚的なアートセラピーから始めて，すべての芸術に関心を向けて心理療法で統合的にもちいる。分析的な芸術療法と違って，表現や表現のプロセス自体を重視する創造的な芸術療法。芸術と関わるセラピストが自分自身アート表現の力と芸術の深さを体験する，体験しつづけることが重要だとしている。

目　次
第1章　不滅のシャーマン
第2章　動機づけと欲求
第3章　表現を妨げるもの
第4章　準備
第5章　話し言葉と書き言葉
第6章　体の動き，ダンス，身体
第7章　音と音楽
第8章　視覚イメージ
第9章　ドラマ
結　論

A5判上製　定価（本体3800円+税）